LE

DROIT DE GRACE

ET

LES PEINES DISCIPLINAIRES

INTERPRÉTATIONS, JURISPRUDENCES

PAR

A. Du MESNIL

ANCIEN DIRECTEUR AU MINISTÈRE DE L'INSTRUCTION PUBLIQUE
ANCIEN CONSEILLER D'ÉTAT

PARIS

LIBRAIRIE HACHETTE et Cie

79, BOULEVARD SAINT-GERMAIN, 79

1897

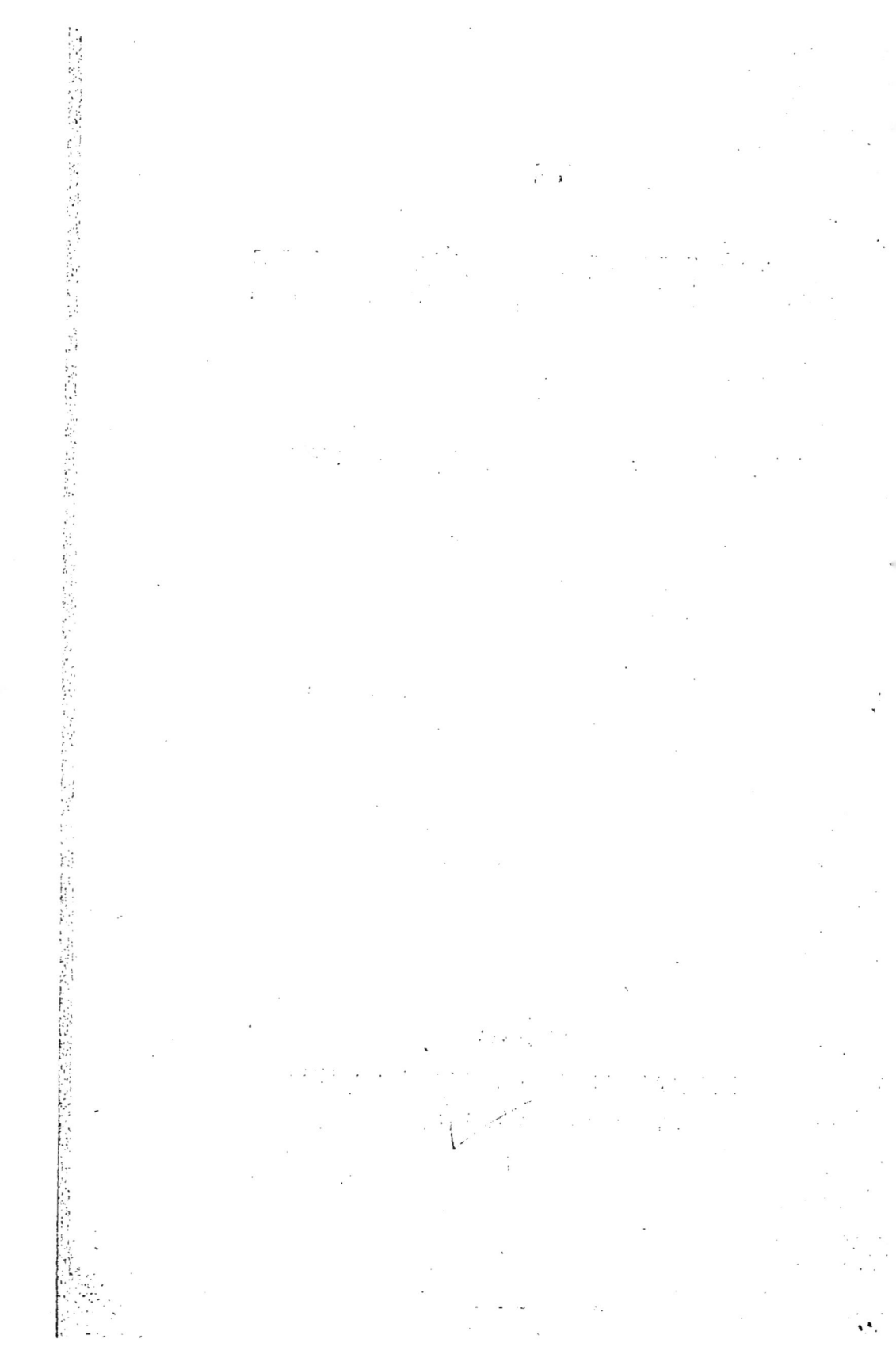

LE

DROIT DE GRACE

ET

LES PEINES DISCIPLINAIRES

INTERPRÉTATIONS, JURISPRUDENCES

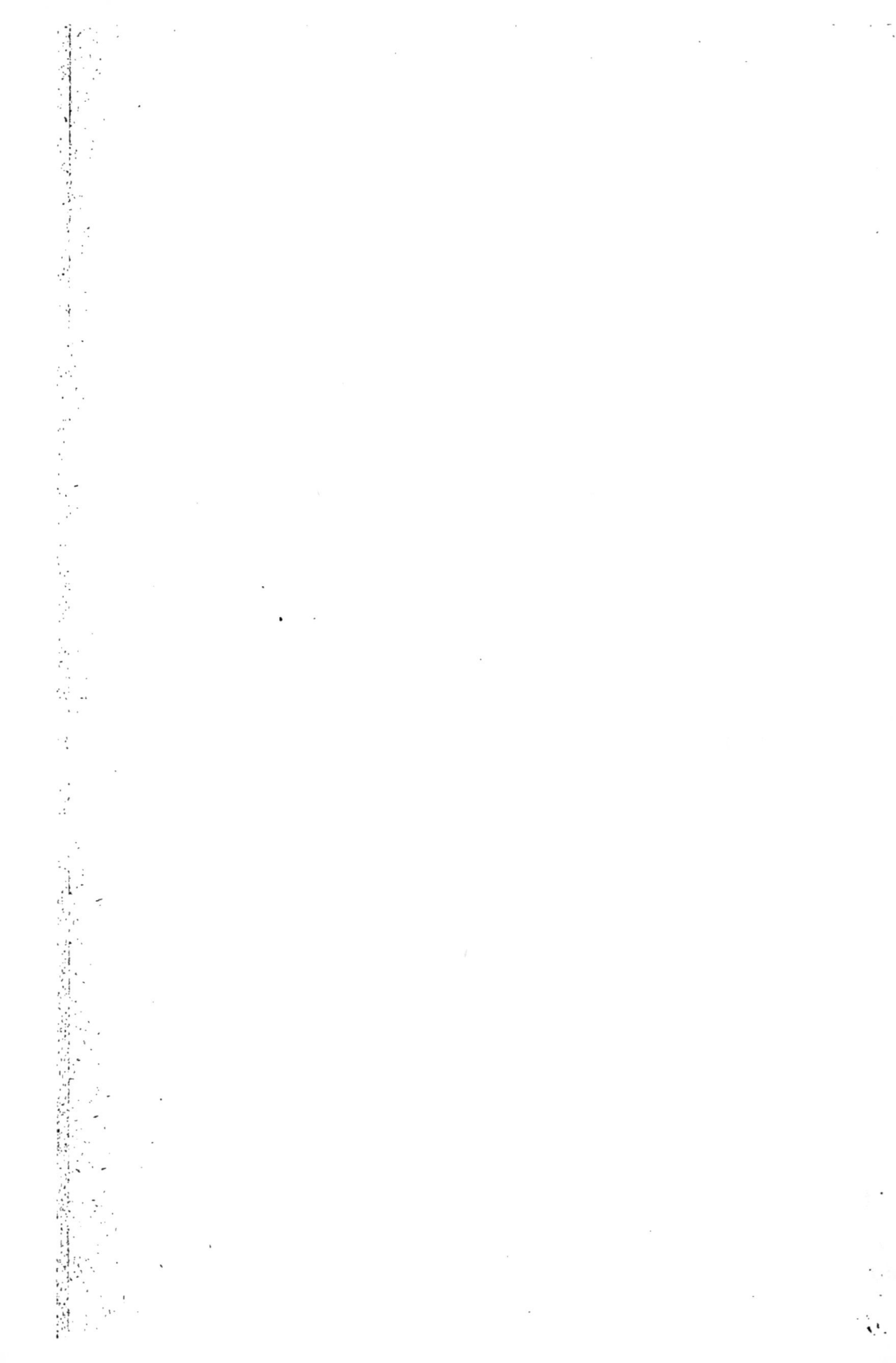

LE

DROIT DE GRACE

ET

LES PEINES DISCIPLINAIRES

INTERPRÉTATIONS, JURISPRUDENCES

PAR

A. Du MESNIL

ANCIEN DIRECTEUR AU MINISTÈRE DE L'INSTRUCTION PUBLIQUE
ANCIEN CONSEILLER D'ÉTAT

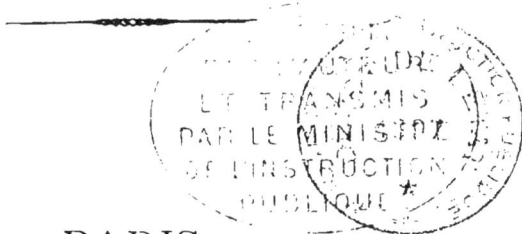

PARIS

LIBRAIRIE HACHETTE et Cie

79, BOULEVARD SAINT-GERMAIN, 79

1897

LE DROIT DE GRACE

ET LES PEINES DISCIPLINAIRES

I

Le droit de grâce dans l'antiquité, quel usage sut en faire Henri IV. Sa suppression en 1791. Son rétablissement en 1802, la Restauration, la monarchie de juillet, le second Empire, la seconde et la troisième République, le maintiennent sans l'interpréter.

On convient généralement que la force avec tout ce qu'elle contient de brutal et d'arbitraire fut à l'origine la loi commune de l'homme et de la bête. Chez elle, toutefois, cet empire détestable devait se perpétuer, tandis que chez l'homme, par l'effet d'un don prodigieux qui lui fut réservé, cet empire a subi au cours du temps plus d'une métamorphose. La formation admirable de la famille, succédant à la promiscuité de la harde, conduisit nos premiers parents à la nécessité du travail, de la résidence et de l'association, celle-ci, d'ailleurs conçue dans le sens le plus étroit et mal faite pour guérir la force de son humeur farouche.

Un jour vint, cependant, où la force dut reconnaître son insuffisance. Les anciennes communautés, si peu nombreuses et dispersées (1), s'étaient élargies et, dès la pre-

(1) Il y avait au commencement une infinité de royaumes et tout petits (Bossuet, *Politique*).

mière heure de leur rencontre, des agressions furieuses avaient mis en péril l'existence de la tribu et les premiers essais de son industrie. Pour réprimer des attentats sans trêve, la force avait eu vainement recours à la mort ; car la mort, avec le cortège des supplices les plus hideux, demeurait un accident banal, alors qu'aucune menace, aucun espoir ne devait la suivre. Qu'était-ce en effet, pour le plus grand nombre, que la cessation de cette vie détestée qui traînait après soi la terreur et la faim, en nous laissant exposés aux appétits infâmes de l'homme satyre et de l'homme loup. Après une succession de jours horribles, la force épuisée eut donc recours à l'homme étrange qui connaissait les vertus salutaires ou malfaisantes des herbes, appelait ou dissipait les orages et interprétait sans faute la voix des chênes, le murmure des fontaines et les signes du ciel.

Ce fut à partir de ce moment que notre soumission, la veille encore acquise sans partage à la force, s'inclina devant celui qui avait suscité au plus profond de nous la crainte de la mort, en nous apprenant qu'elle devait donner entrée pour chacun de nous à des épouvantes ou à des délices également sans terme. Désormais notre humanité avait donc à compter avec deux puissances dont l'une retint pour instrument le glaive, tandis que l'autre plus ingénieuse se réserva le mystère, avec le double office d'enseigner aux peuples la patience et d'appeler sur eux à l'occasion les colères d'en haut. Ce même partage s'étendit d'ailleurs à toute la terre, si bien que pas un de nous ne douta qu'il n'y eût là un fait nécessaire auquel nous devions obéir (1). Notre piété ainsi dédoublée, et

(1) Voir la savante étude de M. Thonissen, professeur à l'Université de Louvain : *Organisation judiciaire, Lois pénales et Procédure criminelle de l'Egypte ancienne.* Nulle part nous n'avons eu une vision plus nette de la mise en présence des deux autorités. Le Pharaon a pour lui

notre soumission alors sans réplique, dureraient encore si chacune des deux puissances se fût contentée de son domaine. Mais l'esprit de domination, l'orgueil qu'aucune soumission ne contente, la jalousie qui ne tolère aucun vis-à-vis, suscitèrent un jour entre nos maîtres des luttes en regard desquelles nos plus longues misères et les pires ne sont que des accidents puérils et passagers.

Ce fut Rome entre toutes les cités antiques qui posa comme principe supérieur et irrévocable du Droit public, de l'ordre public, la *Souveraineté absolue de l'Etat,* représenté par des magistrats civils et politiques. Les ministres du Culte toujours écoutés conservèrent leurs honneurs, leur fortune et leurs relations avec les Dieux ; mais sans qu'il leur fût permis à aucun moment de faire du respect dont ils étaient entourés un instrument de guerre civile. Ils étaient des citoyens et, comme tels, leur plus glorieux souci était de perpétuer la grandeur de Rome, en perpétuant sa discipline qui lui avait soumis le monde.

L'Empire, à cet égard, prit exemple sur la République, et avec elle il voulut l'unité d'intentions et de direction. Ses jurisconsultes, ancêtres authentiques de nos légistes, n'hésitèrent pas, malgré l'évidence du péril qui pouvait

son origine divine, qui rend sa personne sacrée ; il a ses richesses, ses archers et ses chars ; il a sa gloire, s'il est un victorieux ; enfin, c'est lui qui règne. Mais ce sont les Prêtres de Thèbes et de Memphis qui en tout lieu rendent la justice ; ce sont eux les inventeurs et les gardiens des rites, c'est-à-dire des règles inflexibles qui préservent de toute atteinte l'immutabilité des choses dans les sciences, les lettres, les arts et jusque dans les métiers les plus vils ; ce sont eux les ministres de Râ, interprètes de ses volontés qui disposent du droit de grâce, en vertu de quelque signe du Dieu, que seuls ils auront vu, que seuls ils auront compris.

V. Strabon, 4. — Voir César parlant des druides (*Guerre des Gaules,* L. VI, § XIII). « Fere de omnibus controversiis publicis privatisque constituunt ; et, si quod est admissum facinus, si cædes facta, si de hæreditate, si de finibus controversia est, iidem decernunt; præmia pœnasque constituunt... »

s'ensuivre pour la liberté, à faire de l'empereur le fonde de pouvoirs universel du peuple romain. A chaque changement de règne, le nouveau prince fut nommé Consul perpétuel, Imperator, Souverain pontife, Juge immédiat et sans appel dans Rome, Juge d'appel dans la province. En même temps, la Grâce, cessant d'être considérée comme une offense envers les dieux vengeurs, promoteurs et conservateurs de tous les supplices, ne dépendit plus d'un miracle parti du Sanctuaire ; elle devint aux mains de l'Empereur un signe de la pitié de tous, de cette pitié nouveau-née qui annonçait un nouveau jour, une nouvelle loi.

Parmi les princes de nos deux premières races de rois qui prétendirent s'inspirer des traditions de l'Empire romain et que l'Eglise chrétienne leur bienfaitrice ne parvint pas à défaire de leur brutalité, Charlemagne nous apparaît comme un accident sans pareil (1). Moins curieux encore d'imiter les Césars dans leur faste et dans l'appareil de leurs dignités que de s'approprier les institutions qui firent la force, la gloire immortelle de la « Cité impérieuse » il rêva de soumettre à une même loi les peuples qu'il avait conquis (2). Mais si constante et forte que fût sa volonté, elle ne pouvait prévaloir contre l'odieux entêtement de la barbarie, contre l'ambition grandissante de ces Comtes dont il encouragea lui-même les usurpations (3) ; surtout contre la coutume néfaste des partages (4).

(1) Saint Louis ne sera pas moins surprenant.

(2) Son rêve ne se renferma pas, il s'en faut, dans les choses militaires ; il s'en prit aux usages et aux mœurs. V. Aix-la-Chapelle, 803, art. 8 et 813, art. 13 ; unité des poids et mesures. V. *Ecoles, Obligations des Pères de famille et des Parrains.*

(3) Capitulaire de 813. De his qui beneficia regalia habent : Ut comites unusquisque in suo comitatu carcerem habeant et Judices atque vicarii patibulos habeant. Il ne manquait à ces officiers que l'hérédité.

(4) A travers tant d'abandons successivement consentis, nous n'avons

A l'avènement de Hugues Capet, toute trace d'unité avait disparu. Les barons, parmi lesquels figurait le duc de France, étaient devenus souverains, chacun dans sa baronie (1), et mis en possession de tous les droits régaliens, ils jouissaient du Droit de grâce, dont ils trafiquaient à l'occasion (2).

Merlin, dans son répertoire, donne à entendre que ce fut par l'ordonnance du 3 mars 1356, que le Roi se ressaisit du Droit de grâce. Sans contester que les articles 6, 7 8 et 9 de cette ordonnance, rendue sur la demande des Etats généraux, accusent une intention de reprise manifeste, et tout en reconnaissant que cette intention est confirmée par l'ordonnance du 14 mai 1358, articles 11, 12, 13 (3), il nous faut nous reporter à l'article 78 de l'ordonnance de Blois de 1478 pour y trouver cette disposition décisive: « Au Roy seul appartient de faire grasce et rémissions, annoblissements, légitimations et de connaître des causes sans appel. » L'ordonnance du 14 novembre 1507 répètera « au Roy seul » mais le vice dont le roi ne peut se guérir c'est sa faiblesse incomparable et après comme avant 1478 nous verrons se reproduire l'incroyable formule : que si, par importunité des lettres de grâce étaient dérobées à sa justice, le roi entend que les juges les tien-

pas surpris une indication qui nous apprît à quelle date certaine le Droit de grâce cessa d'être l'attribut par excellence de la Royauté. La Grâce accordée par Charlemagne à Tassillon, duc de Bavière, est de 794.

(1) Beaumanoir.

(2) A découvert, ou sous le masque des compositions; ce Droit s'exer-çait encore au XVIIe siècle, s'il faut en croire St-Simon qui, parlant du cardinal de Bouillon, rappelle que le père et l'oncle de ce prélat furent pourvus des plus grandes charges « après avoir vécu d'abolitions ».

(3) Cette ordonnance fut également rendue sur la demande des Etats et ce n'est pas la première fois et ce ne sera pas la dernière qu'ils se prononceront pour assurer la prééminence du roi sur les seigneuries.

nent pour non avenues et il leur ordonne de lui déso-
béir (1).

Mais, par un coup de fortune, voici venir à nous de notre frontière la plus lointaine, le plus français de nos rois,
par ses qualités et ses défauts, disons ses vices si on
l'exige. Pas trace de sang étranger dans ses veines, de
trace prochaine en tout cas ; sa mère, très heureusement,
ne nous était pas venue de Bavière, d'Autriche, de Flo-
rence, d'Espagne ou de Savoie. Dès l'entrée, il nous faisait savoir que nos anciennes ordonnances, dont on disait
qu'elles valaient pour un jour, seraient désormais fidèle-
ment observées et elles le furent ; en même temps le droit
de grâce cessa d'être une occasion d'iniquités et de pilla-
ges pour devenir l'instrument le plus actif de notre retour
à la santé. Ce fut en s'aidant de ce droit que le maître de
Sully, de Crillon, de La Noue, de d'Aubigné nous purgea
de la guerre civile, ruina les intrigues de l'Espagne et
nous restitua ces villes et ces champs où s'étaient abattus
comme un vol de rapaces, les Guise, les Bois Dauphin et
à leur suite les St-Offange (2).

(1) Voir 19 mars 1359, 2 novembre 1439, avril 1453, août 1539, novembre 1554, janvier 1572, mai 1579. C'est dans cette lâcheté et cette impé-
nitence que M. G. Picot nous montre « l'impuissance » du roi (États
généraux, t. II, p. 215). Lestoile nous apprend que cette impuissance se
compliquait sous Henri III il est vrai, de la plus répugnante complicité.
C'est le temps dont il est écrit : « Il n'y a plus de miséricorde et la
science de Dieu n'est plus sur la terre. » Et comment expliquer qu'en
1614 la noblesse, seule, ait renouvelé ses doléances à l'endroit de l'abus
des grâces. Etait-ce donc uniquement parce qu'elle n'en disposait plus ?
car Richelieu n'avait pas encore commencé son œuvre.

(2) Pour apprécier à sa valeur l'œuvre patiente de Henri IV, il faut
lire ses Lettres de rémission et d'abolition pendant la période qui s'é-
tend de 1593 à 1598. Tout le travail de réparation n'est pas là ; mais on
en possède les traits les plus essentiels et l'on ne sait ce qu'on doit ad-
mirer le plus de la constance d'un même dessein, de la noblesse des
sentiments ou de la noblesse de l'expression. Tout au moins faut-il qu'on
sache comment parle le Droit de grâce quand il a pour interprète un

C'est peut-être le souvenir de ces grâces bénies qui dictait à Montesquieu ces paroles : « C'est un grand ressort des gouvernements modérés que les lettres de grâce ; ce pouvoir qu'a le prince de pardonner peut avoir d'admirables effets. »

L'ordonnance criminelle de 1670, à laquelle Pussort donna son nom, était encore en vigueur en 1789 et l'assemblée nationale s'en tenait, à cette date, aux dispositions qu'elle contient relativement aux rémissions et abolitions (1) ; car elle n'hésita pas à faire appel à la clémence

homme de cœur. Nous négligeons les lettres de rémission individuelles pour ne retenir que la déclaration du 22 mars 1594 relative à la reddition de la ville de Paris :

« Comme depuis le temps qu'il a pleu à Dieu de nous appeler à ceste nostre couronne, nostre principal désir et but ait esté d'établir en cestuy, nostre royaume un asseuré repos, afin que cessant les désordres, violences et malheurs de la guerre.., les trois ordres de nostre dit royaume peussent jouyr en paix de ce qui justement leur appartient. Pour à quoy parvenir aurions comme chacun sçait employé tous nos moyens, nostre sang et nostre propre vie, postposant la mort au blasme et à l'infâmie qui justement tomberaient sur nous, si nous souffrions l'injuste usurpation et dissipation qu'aucuns présument faire de cette couronne de France. Et pour n'omettre chose qui soit au pouvoir d'un bon prince, afin de remettre parmi nos subjects l'union et la paix, avons avec beaucoup de patience supporté et donné au public les offenses de plusieurs, lesquels sans ce respect méritoient d'être punis. Nous avons pour cette considération, après les victoires, donné la vie à ceux qui ont attenté contre la nostre. Et, pour la grande compassion que nous avons eue de la capitale ville de notre royaume, pour en éviter le sac... avons mieux aymé être frustré de l'obéissance qui nous est deue que de voir des hommes innocents, des femmes et des petits enfans et tant de beaux édifices exposés à la violence, à la rage et à la fureur du feu et des couteaux... Pour cette occasion, recognaissons qu'il n'y a rien qui nous donne plus de tesmoignage que nous sommes faits à l'ymage de Dieu que la clémence, oubliant d'un franc courage les offenses et les fautes... avons de notre grâce spéciale et authorité royale aboli les choses advenues dans ladite ville, que voulons demeurer esteintes, abolies et non advenues, après avoir eu sur ce l'avis de notre Conseil (les anciennes ordonnances avaient fixé à trois, puis réduit à deux le nombre de ces assistants).

(1) L'ordonnance de 1670 distingue expressément entre les deux ; les

du roi, pour tirer de l'abbaye les gardes françaises qui
venaient d'y être emprisonnés (1) ; et, au mois d'août sui-
vant, elle avait, de nouveau, recours à Louis XVI pour
obtenir la mise en liberté des braconniers condamnés
aux galères pour simple délit de chasse (2).

Mais ces sollicitations de l'assemblée nationale ne devaient pas se renouveler ; car l'article 13 du Code pénal
du 25 septembre 1791 (1ʳᵉ partie, t. VII) ne se contenta
pas de corriger le droit de grâce, en ce qu'il avait de notoirement abusif, il le supprima en ces termes : « L'usage
de tous actes tendant à empêcher ou à suspendre l'exercice de la justice criminelle, l'usage des lettres de grâce,
d'abolition, de pardon et de commutation de peine sont
abolis pour tout crime poursuivi par voie de jurés. »

M. Langlois dans le remarquable rapport qui accompa-
gnait la présentation de la loi du 8 juillet 1852 sur la
réhabilitation des condamnés n'hésite pas à dire : « L'in-
troduction en France de la procédure par voie de jurés
fut le prétexte de l'abolition du droit de grâce. Les mé-
fiances qui s'élevaient contre le Roi le dépouillèrent également du droit de réhabilitation. »

Nos recherches personnelles nous permettent d'affirmer

rémissions étant des lettres de justice et les abolitions de pures grâces.
« Le mot d'abolition, dit l'ordonnance, est un terme de puissance absolue qui fait trembler les lois et suspend les effets de *la vengeance publique.* » Tout l'ancien droit est là. Faudrait-il croire que le premier
Dieu dont l'homme eût conscience fut Moloch. Les huit premiers ver-
sets du chapitre XI de la Genèse nous ont toujours paru terribles ; et
quelle parenté peut-on rêver entre cet Eternel qui nous jette aux vents
et la figure adorable de Jésus.

(1) Séance du 1ᵉʳ juillet 1889. L'assemblée gémit ; elle supplie le
roi. « L'assemblée, écrit Mounier, sentit que la décision appartenait exclusivement au roi et que la souveraineté quand il s'agissait de discipline
militaire *et du droit de faire grâce ne pouvait avoir aucune limite.* »

(2) En 1576, aux Etats de Blois, ces braconniers étaient qualifiés de
« larrons de garenne » et l'on réclamait contre eux la peine de mort.

l'entière exactitude de cette appréciation : l'institution
des jurés fut le prétexte ; la défiance fut le véritable mo-
teur d'une mesure que ne justifiaient plus la toute-puissance et les caprices avoués ou secrets d'un pouvoir sans
contrôle : cette défiance, Mme de Staël l'atteste, elle se
montra dès les premiers jours ; le discours de Louis XVI
du 4 février 1790 la dénonce comme un obstacle à ses
intentions et le 11 l'Assemblée oppose aux paroles du
Roi cette excuse : « Ceux qui nous accusent d'avoir porté
la main sur trop de choses à la fois ignorent-ils donc que
l'abus qu'on laisse subsister devient bientôt le restaura-
teur de tous ceux que l'on croyait avoir détruits » (1).
Mais c'est dans la séance des Jacobins du 2 juin 1791 que
se révèlent les motifs réels de l'abolition que l'on se pro-
pose de réaliser.

« Si l'on accorde au Roi le droit de grâce, dit *Dubois
Crancé*, on le place au-dessus de la Loi ; mais alors, qui
doit faire grâce ? le Souverain ; la Nation.

Laclos. Dire qu'on ne fera grâce en aucun cas c'est prévoir une législation parfaite (2).

*Grouvelle. La douceur du nouveau code rend la grâce
superflue.*

Carra. Accorder au Roi le droit de grâce, c'est le décla-
rer Souverain. *Le Corps législatif seul peut interpréter le
prononcé du jury.*

_____

(1) Voir spécialement sur la question du droit de grâce la déclaration
de Louis XVI du 20 juin 1791, dans laquelle il énumère tous ses griefs
et révoque toutes ses concessions. C'est la fuite de Varennes. Voir la
proclamation de l'assemblée du 22.

(2) V. Beccaria, § XLVI, *Des grâces.* « La clémence, qui chez quelques
souverains suppléait à toutes les autres qualités, devrait donc être
bannie d'une législation parfaite... vérité dure en apparence pour ceux
qui vivent sous le désordre d'une jurisprudence criminelle, où l'absur-
dité des lois et la rigueur des supplices nécessitent les grâces et le pardon... »

X... Le Corps législatif a mandat pour faire les lois ; mais non pour dispenser de leur exécution.

Le 2 juin 1791, on n'est donc pas encore d'accord ; mais bientôt après la majorité s'est fixée ; elle oublie qu'elle a fait du successeur de Louis XIV un Roi constitutionnel, un simple « fonctionnaire public » surveillé comme pas un ; elle s'inquiète encore de son ombre ; et pour rendre sensible à tous la déchéance de ce monarque acclamé naguère comme le fondateur de la liberté, elle le dépossède du privilège où Rome a voulu placer par excellence l'expression des volontés du peuple romain (1).

Il allait de soi que, sans attendre son avènement à l'Empire, Bonaparte voulut s'attribuer le droit de grâce. Ici d'ailleurs il ne devait rencontrer aucune résistance (2), l'opinion publique conservait la mémoire de certaines lois barbares, notamment de celle du 22 prairial an II (10 juin 1794) votée sur le rapport de Couthon, et qui marque le plus haut sommet de la Terreur et le dernier terme de son délire. Ce fut donc le 16 thermidor an X (4 avril 1802) qu'un sénatus-consulte, proclamé loi de la République, décréta les dispositions suivantes : Art. 42. Lorsque le premier Consul le juge convenable, il présente un citoyen pour lui succéder après sa mort. — Art. 87. Le premier Consul a le droit de faire grâce. Il l'exerce après avoir

(1) L'assemblée n'hésita pas d'ailleurs à abolir par un décret du 3 septembre 1792, rendu *au nom de l'humanité et de la justice*, les procès relatifs à la liberté de la presse ; et à renvoyer toujours *au nom de l'humanité*, par un second décret du même jour, à de nouveaux juges les demandes en abolition et en commutation.

(2) Il n'en avait pas été de même en 1801, où l'opposition au Concordat put, à un moment donné, paraître inquiétante. C'était, en fait, la dépossession du clergé constitutionnel et d'un nombre considérable d'évêques de l'ancien régime auxquels on imposait leur démission. Dans l'armée on qualifiait le contrat avec Rome de « Capucinade ». Le Corps législatif nommait comme Président Dupuis et présentait Grégoire pour le Sénat, tandis que le Tribunat, de son côté, portait Daunou.

entendu un Conseil privé, composé du Grand Juge, de deux ministres, de deux sénateurs, de deux conseillers d'État et de deux membres du Tribunal de cassation (1).

Le sénatus-consulte du 28 floréal an XII (18 mars 1804) ou Constitution impériale, compte 142 articles. Nous trouvons à l'article 132 cette stipulation : « Les arrêts de la Haute Cour prononçant une peine afflictive ou infamante ne peuvent être exécutés que lorsqu'ils ont été signés par l'Empereur. »

En 1814, dans un acte qualifié de Constitution française et daté du 6 avril le Sénat décrète : Art. 1er. Le gouvernement français est monarchique et héréditaire. Art. 11. Le peuple français appelle librement au trône de France Louis, Stanislas, Xavier de France, frère du dernier Roi. Art. 17. Le Roi a le droit de faire grâce (2).

1814, Charte du 4 juin. Art. 67. Le Roi a le droit de faire grâce et celui de commuer les peines.

1815, 22 avril. Acte additionnel aux Constitutions de l'Empire. Art. 57. L'Empereur a le droit de faire grâce, même en matière correctionnelle *et d'accorder des amnisties.*

1815, 29 juin. *Projet de Constitution de la chambre des représentants présenté par la commission centrale de cette assemblée* (Duvergier, p. 437 ; Lanjuinais, p. 509 ; Sirey, t. XV, 2e partie, p. 228 ; *Mon.* du 1er juillet 1815).

---

(1) La clémence de Bonaparte était bien gardée. L'exécution du Duc d'Enghien est du 21 mars 1804. Voir ci-après le sénatus-consulte du 18 mars.

(2) Le projet de cette Constitution avait été présenté au Sénat conservateur par un gouvernement provisoire, élu par ce même Sénat le 1er avril, et composé de Talleyrand, vice-grand-électeur, Beurnonville et Jaucourt, sénateurs, d'Alberg, conseiller d'État, Montesquieu, ancien membre de l'assemblée constituante.

Art. 23. Le monarque a le droit de faire grâce, même en matière d'amnistie (1).

1830, Charte du 14 août. Art. 58. Le Roi a le droit de faire grâce et de commuer les peines.

1848, Constitution du 4 novembre. Art. 3. Le peuple français délègue le pouvoir exécutif à un citoyen qui reçoit le titre de Président de la République. Art. 55. Il a le droit de faire grâce ; mais il ne peut exercer ce droit qu'après avoir pris l'avis du Conseil d'État.

La réserve est formelle ; mais sa portée est singulièrement amoindrie par les explications échangées au cours de la discussion. M. Crémieux et tels autres de ses collègues se bornaient à demander l'avis préalable du ministre de la justice. Le texte de la Commission fut défendu par MM. Vivien et Boudet. Ce dernier spécifia que le *chef de l'État resterait libre de suivre ou de ne pas suivre l'avis du Conseil.* Il en sera de cette matière, dit l'orateur, comme de toutes les matières administratives où le gouvernement n'est pas tenu de déférer aux avis du Conseil (2).

2° En ce qui touche l'article 55, le cas est beaucoup plus grave. Cet article est en effet visé dans un décret spécial du 28 octobre 1848, lequel contient la stipulation suivante : Art. 6. Aussitôt après qu'il aura été proclamé par l'Assemblée le président exercera les pouvoirs qui lui

(1) Les chap. II et III, et la section I du chap. IV furent seuls discutés et adoptés dans les séances des 6 et 7 juillet.

(2) Cette opinion de M. Boudet est d'une correction irréprochable. Mais s'il est acquis que le Conseil d'État n'émet que des avis sur les projets de simples décrets qui lui sont communiqués par les ministres ; s'il est certain que le Conseil d'État, statuant au contentieux, rend des arrêts auxquels le gouvernement *est tenu* de se conformer, il n'est aucunement prouvé que le gouvernement ait la faculté de passer outre aux avis du Conseil en matière de règlements d'administration publique. Ces règlements ont été prévus par la loi et ils retiennent une part assez notable de son autorité pour que le gouvernement ne puisse les réformer de son seul mouvement.

sont déférés par la Constitution, *à l'exception toutefois* des droits qui lui sont attribués par les articles 55, 56, 57 et 58, le droit de promulgation étant réservé au président de l'Assemblée (1). Enfin, c'est ce même décret d'octobre qui, en attendant l'organisation du Conseil d'Etat, déléguait à une commission de trente représentants élus par l'Assemblée, le soin d'assister de ses avis le président de la République dans l'exercice de son droit de grâce (2). L'édition de la *Constitution de 1848 accompagnée de notes explicatives* de **M.** Dupin fait suivre l'article 55 de cette annotation : « Il était de l'intérêt de l'humanité de maintenir sous la République comme sous la monarchie le droit de préférer miséricorde à justice : *Etenim nulla re propius homines accedunt ad Deos, quam salutem hominibus dando.* »

1852, Constitution du 14 janvier, t. III, art. 8 (le Président de la République) a le droit de faire grâce.

1852, 25 décembre. Art. 1. L'Empereur a le droit de faire grâce et d'accorder des amnisties.

1871, 17 juin. Loi spéciale sur l'exercice du droit de grâce. Art. 1er. Les amnisties ne peuvent être accordées que par une loi. Art. 2. L'assemblée nationale délègue le pouvoir de faire grâce au Président du Conseil des ministres, chef du pouvoir exécutif de la République française. Art. 3. Néanmoins la grâce ne peut être accordée que par une loi aux ministres et autres fonctionnaires ou digni-

---

(1) L'article 56 attribuait la promulgation des lois au Président de la République ; l'article 57 fixait les délais de cette promulgation ; les articles 58 et 59 traitaient du même sujet.

(2) J. Simon, dans le numéro du *Temps* du 11 juillet 1890, nous a donné sur le fonctionnement de cette commission, des renseignements qui seraient faits pour nous affliger n'était le rare talent de l'auteur, incomparable pour mettre en scène ses personnages, les faire mouvoir, les faire parler. Le président de cette commission était Dupont de Plure et elle comptait parmi ses membres, M. Boudet, F. Arago, Lamartine etc.

2

taires dont la mise en accusation aura été ordonnée par l'assemblée nationale. Art. 4. La grâce ne pourra être accordée aux personnes condamnées pour infractions qualifiées crimes par la Loi à raison des faits se rattachant à la dernière insurrection à Paris et dans les départements depuis le 15 mars 1871, *que s'il y a accord entre le chef du pouvoir exécutif et la commission de l'assemblée*, dont il sera parlé ci-après...

En cas de dissentiment la condamnation sera exécutée (1).

1875. Loi constitutionnelle du 25 février. Art. 3, § 2. Le Président de la République a le droit de faire grâce. Les amnisties ne peuvent être accordées que par une loi.

§ 6. Chacun des actes du Président de la République doit être contresigné par un ministre (2).

Comme on peut le voir et malgré la diversité ou, à parler franc, malgré la contrariété trop fréquente de leurs intentions secrètes, nos législateurs étaient ramenés les uns après les autres à une rédaction quasi-identique. Il est remarquable, toutefois, qu'en 1875, c'est-à-dire à une date où la peste des partis multipliait ses mensonges, les hommes portés aux affaires le 24 mai 1871 prirent soin, pour quelque motif que ce fût, de prévenir toute équivoque sur le sens exact de l'article 3. « Le droit que nous accordons

(1) Ce dernier membre de phrase nous déconcerte. Il est clair que nous en sommes revenus aux défiances de 1891. On ne biffe pas le droit de grâce, on le met aux ceps, on le défigure.

(2) Cet article 3 ayant été mis en cause, comme on le verra tout à l'heure, il importe de rappeler qu'il n'a pas pour unique objet l'exercice du droit de grâce ; il attribue au président concurremment avec les deux Chambres l'initiative des lois, en lui en réservant la promulgation et l'exécution. C'est en vertu de ce même article que le président dispose de la force armée, qu'il nomme à tous les emplois civils et militaires, qu'il est autorisé à entrer en relation avec les représentants des puissances étrangères. Cette simple énumération ne contient-elle pas un avertissement sérieux ?

à M. le président de la République laisse subsister, dirent-ils, la commission chargée d'examiner les recours relatifs à l'insurrection de 1871 ; il est entendu, du reste, que les pouvoirs de cette commission prendront fin lorsque la loi actuelle sera mise en mouvement. »

On ne saurait se montrer plus explicite. Le droit de grâce est absolu et sans autre limite que celle que pourra prévoir, de son plein gré, le président de la République assisté de ses conseillers. Que si l'on se proposait de lui en prescrire une autre, il faut qu'on sache qu'il ne s'agirait de rien moins que d'en appeler au congrès ; car s'il est vrai, que les autorités les plus diverses se hasardent aujourd'hui à interpréter, à tous risques, nos lois usuelles ; on ne nous a pas encore montré une autorité politique, judiciaire ou administrative assez haute pour interpréter impunément la constitution. La seule vision de cette entreprise nous parait, à cette heure surtout, une énormité.

II

Conditions anciennes des interprétations. — L'auteur de la loi a seul le pouvoir de l'interpréter. — La jurisprudence est un expédient qui ne peut en aucun cas se substituer à la loi.

A Rome, par une intelligence innée des conditions essentielles de toute discipline et de toute grandeur durables, on se montra préoccupé avant tout d'assurer la stabilité du droit. L'auteur de la loi eut seul le pouvoir de l'interpréter. Dans les provinces les plus lointaines les *Legati* de l'empereur, bien que revêtus de l'*Imperium*, n'en étaient pas moins rigoureusement tenus d'en référer, dans tous les cas douteux, au délégué universel du peuple romain, en qui se résumaient toutes les souverainetés religieuses et politiques. C'était donc de Rome que les proconsuls d'Afrique et d'Asie devaient attendre, en telles occasions, le texte *ne varietur* de leurs arrêts. On estimait que les lenteurs qui résultaient de cette pratique n'étaient qu'un médiocre dommage en regard du préjudice infiniment plus grave que devaient immanquablement causer à la chose publique les incohérences, les divagations et les contradictions de toutes ces justices éparses (1), jalouses parfois les unes des autres, inégales dans leur indulgence et dans leurs sévérités ; dissemblables aussi par les origines et le tempérament de leurs membres.

(1) Voir nos anciens proverbes sur la justice de Paris, celle de Rouen, celle de Toulouse, etc.

Ici même, d'ailleurs, l'exemple de Rome exerça sur notre organisation judiciaire une très utile influence ; car ce ne fut certes pas par un caprice de despote que saint Louis fit de la Cour du roi le Tribunal suprême de toutes les Cours (1). Ce fut la vue très nette d'une nécessité de salut public qu'aucun de ses proches dignes de lui ne méconnut : ni Louis le Gros, ni Philippe-Auguste, ni Philippe-le-Bel, ni Charles V. Cette influence de Rome qui, par plus d'un côté, fut pour nous un bienfait, nous la retrouvons au XVIIe et au XVIIIe siècles, et c'est à ces deux dates que nous voulons en saisir la trace.

Dans cette période, ce sera d'abord l'article 7 de l'*Ordonnance civile d'avril* 1667 (Ed. de 1700, p. 487) : « Si dans les jugemens des procèz pendans en nos cours de Parlements et autres nos cours, il survient aucun doute ou difficultés sur l'exécution de quelques articles de nos Ordonnances, Edits, Déclarations et Lettres patentes, nous leur défendons de les interpréter mais voulons qu'en ce cas elles aient à se retirer par devers nous pour apprendre ce qui sera de notre intention. »

Décret sur l'organisation judiciaire du 16 août 1799, titre II, article 10 (Rapporteur Thouret) : « Les tribunaux ne pourront prendre directement ou indirectement aucune

---

(1) Il nous faut, sans nul doute, maintenir à Philippe le Bel une large part de notre victoire sur les justices féodales ; mais c'est à saint Louis que nous devons l'inestimable bienfait de nous avoir ramenés à l'unité en nous plaçant sous l'autorité d'une seule et même loi. La prééminence attribuée au parlement de Paris, les assises tenues dans le bois de Vincennes (plus tard, dans le jardin du Palais et, entre les deux, les sentences des maîtres des requêtes de la porte) firent plus pour notre fortune que les corps d'épée de nos plus renommés capitaines. L'Echiquier de Normandie, ancienne cour des ducs ; les Grands jours de Champagne, ancienne cour des comtes, le Parlement de Toulouse, bien que qualifiés de hautes cours, ne furent à aucun moment placés sur le même rang que le Parlement de Paris. Et ce fut ce parlement *qui fut seul chargé, à tels instants, d'interpréter les lois.*

part à l'exercice du pouvoir législatif, ni empêcher, ni suspendre l'exécution du Décret du Pouvoir législatif à peine
de forfaiture. »

Même titre, art. 12 : « Ils ne pourront pas faire de règlements, mais ils s'adresseront au Corps législatif toutes les
fois qu'ils croiront nécessaire soit d'interpréter une loi
soit d'en faire une nouvelle. »

Décret du 27 novembre 1790, art. 1ᵉʳ : « Chaque année le
tribunal de cassation (1) sera tenu d'envoyer à la barre de
l'Assemblée du Corps législatif une députation de huit de
ses membres qui lui présenteront l'état des jugements
rendus, à côté de chacun desquels sera la notice de l'affaire et le texte de la loi qui aura décidé la cassation.

Décret du 27 avril 1791. — Organisation du ministère.
Art. 5. Les fonctions du ministre de la justice seront.....
5° de soumettre au Corps législatif les questions qui lui
seront proposées relativement à l'ordre judiciaire et qui
exigeront une interprétation de la loi.

Le ministre de l'intérieur (Intérieur, Instruction publique, Cultes, Police générale, Agriculture, Commerce, Tra-
vaux publics, Industrie) correspond avec les Corps admi-
nistratifs, et les renseigne sur le mode d'exécuter des
lois, *à la charge de s'adresser au Corps législatif dans tous
les cas où elles auraient besoin d'interprétation.*

Constitution du 3 septembre 1798, t. III, ch. V, art. 21.
Lorsque après deux cassations le jugement du 3ᵉ tribunal
sera attaqué par les mêmes moyens que les deux premiers,
la question ne pourra plus être agitée au tribunal de cassation *sans avoir été soumise au Corps législatif qui por-
tera un décret déclaratoire de la loi, auquel le tribunal de
cassation sera tenu de se conformer.*

(1) Sénatus-consulte organique du 28 floréal an XII, 12 mai 1804,
constitution impériale, art. 136. « Le tribunal de cassation prend la
dénomination de Cour de cassation. »

L'article 22 reproduit textuellement l'article 1er ci-dessus du décret du 27 novembre 1790.

Loi du 16 septembre 1807. — Cette loi rompt avec la tradition consentie : ce n'est plus le Corps législatif qui donne l'interprétation quand il y a lieu, c'est un règlement d'administration publique (V. l'art. 440, C. inst.).

Loi du 30 juillet 1828, spéciale à l'interprétation des lois. — Après diverses combinaisons l'article 3 décide que, *dans la session qui suit le référé au Roi* (prévu par l'article 2), *une loi interprétative est proposée aux Chambres.*

Art. 4. — La loi du 16 septembre 1807 relative à l'interprétation des lois est abrogée (1).

Cette énumération des lois relatives à notre pratique ancienne des interpréations doit avoir pour complément nécessaire une définition de la *Jurisprudence* ; nous l'emprunterons sans hésiter au *Dictionnaire de Trévoux*, recueil vieilli jusqu'au ridicule en maint endroit, mais instructif quand même et plus libéral que tel autre recueil moderne, malgré le nombre de cardinaux, archevèques, évèques, abbés et religieux de tous ordres qui composaient sa rédaction.

« JURISPRUDENCE; le barreau a attaché à ce mot une idée particulière ; il entend par là *l'usage que l'on suit dans chacun de nos parlements pour la décision de certains points ; l'explication qu'on donne à la loi ; et, là où la loi ne s'explique pas, la manière de se décider.*

« Dans les cas qui ne sont pas prévus par la loi un arrêt sur la matière n'est qu'un préjugé pour de semblables

---

(1) Il n'est pas sans intérêt de rappeler ici l'opinion du Comte Molé, rapporteur de la loi : Comment, demande-t-il, le législateur remédiera-t-il à l'espèce d'anarchie qui résulte de l'obscurité de la loi ? sera-ce par une interprétation, non ; mais seulement par une nouvelle loi. « Quand donc, me dira-t-on, y aura-t-il lieu à interprétation ? *jamais.* »

contestations ; mais plusieurs arrêts forment ce qu'on appelle jurisprudence, *laquelle a force de loi jusqu'à ce que le souverain en ait décidé autrement.* C'est ce qu'on appelle la jurisprudence des arrêts, *c'est-à-dire* l'induction que l'on tire de plusieurs arrêts qui ont jugé une même question dans la même espèce (1).

« Mais, comme dans la plupart des espèces il se rencontre des circonstances particulières (2), les juges éclairés ne s'arrêtent pas toujours à la jurisprudence des jugements, dont les parties se servent pour autoriser leurs prétentions. Aussi, un grand magistrat disait que les arrêts étaient très bons pour ceux au profit desquels ils étaient rendus. »

Un professeur de l'Université de Gand, dont le nom fait autorité, M. Laurent, écrit dans ses *Principes de Droit civil français* (3) : « La jurisprudence tend partout à s'écarter de la loi, ce n'est pas une raison pour l'accepter comme une loi, mais c'est un avertissement pour le législateur. Quand la loi est en désaccord avec les faits, le législateur doit se hâter de la changer.

Il doit se hâter ; car nos lois ont passé par tant de mains ; elles ont été sur tant de points l'objet d'un si grand nombre d'amendements improvisés et parfois insidieux, que les cours et les conseils chargés de les appliquer ne se résignent pas sans inquiétude à remplir leur office. Les magistrats ont mandat pour donner des avis ou pour rendre des arrêts ; mais les obscurités qui s'accumulent provoquent chez eux des inquiétudes, faites pour alarmer

(1) Souvent aujourd'hui on va au court ; et l'on produit comme jurisprudence un seul arrêt.
(2) Dans presque toutes et c'est là le tourment des juges, leur véritable angoisse.
(3) T. X des successions. *Du rapport*, § 3, n° 587.

leur conscience et troubler leur jugement. Ils se souviennent avec appréhension de la parole de Montesquieu :
« Il n'y a point de citoyen contre qui l'on puisse interpréter la loi, lorsqu'il s'agit de son honneur, de son bien ou
de sa vie. »

Théorie aux termes de laquelle les peines disciplinaires prononcées par de simples autorités ou par des juridictions instituées par la loi seraient ensemble exclues de la grâce comme n'étant pas de véritables peines. — Prétendue décision de 1839. — Jurisprudence officielle de la Chancellerie. — Lecture à l'Académie française.

L'objet principal de ce paragraphe est l'examen de la décision du ministre de la justice, du 12 avril 1839 et la vérification trop tardive de son sens exact. Mais, avant même de nous livrer à cette revision nécessaire, nous voulons dire un mot des PEINES DISCIPLINAIRES qui sont, comme on le verra, le point de départ et le point d'appui d'un effort continu dirigé contre le droit de grâce. Il est désormais avéré, en effet, que des personnes, respectables jusque dans leur entêtement, ne peuvent prendre leur parti de la restauration d'un droit qu'elles considèrent, malgré tous les changements de régime, comme le dernier et insupportable vestige du pouvoir absolu. Le caractère irréductible de ce préjugé nous est trop connu pour que nous nous proposions de le discuter ; nous nous permettrons seulement une simple et très brève obser v ation

On rassemble habituellement sous l'appellation collective de peines disciplinaires (1) toutes les répressions des-

---

(1) C'est à propos de l'article 5 de la loi du 28 avril 1832 (circonstances atténuantes) que le garde des sceaux disait : « Les avantages de l'adoucissement des peines autorisées par l'article 463 sont universellement reconnus. *Les divers faits incriminés par le Code sous une même dé-*

tinées à assurer le fonctionnement le plus irréprochable de nos services publics et des sociétés ou compagnies reconnues par l'État sous le nom d'établissements d'utilité publique. Ce n'est pas, toutefois, qu'il existe entre ces peines une parenté assez immédiate pour qu'il soit permis de les confondre. Elles forment, au contraire, deux groupes distincts, dissemblables qu'elles sont par leur origine, par leur durée et leurs conséquences (1). En aucun temps et en aucun lieu on n'a placé sur le même degré les simples mesures d'ordre intérieur, émanant de l'autorité d'un ministre, d'un supérieur ou d'un président quelconque, et les peines édictées par un tribunal, ou par un conseil investi par la loi de pouvoirs catégoriques de juridiction. Or c'est précisément cette confusion, entre deux groupes de peines si distants, dont les adversaires impénitents du droit de grâce se sont fait un moyen pour dénier *à toutes les peines disciplinaires sans exception* les bénéfices de l'article 3 de notre loi constitutionnelle du 25 février 1875. La passion singulière qui les anime les conduit à cet excès de méconnaître qu'il serait également difforme de solliciter du chef de l'État la remise d'une réprimande ou d'une censure, dont les effets sont épuisés

nomination *générique, sont loin de peser du même poids, soit dans la vérité de leur appréciation morale, soit par les dangers qu'ils font courir à l'ordre social. L'inflexibilité dans la fixation de la peine enferme dans des catégories trop étroites des faits qui ne se ressemblent que par le nom, et diffèrent par leur essence ; la conscience se révolte contre ces assimilations.* Ces paroles mémorables s'appliquent rigoureusement à l'assimilation de la réprimande ou de la censure à l'interdiction.

(1) Nous nous réservons d'appuyer plus loin sur ces trois traits. Pour ce qui est spécialement de la durée, les témoignages sont si abondants que nous nous bornerons à rappeler l'arrêt de la chambre des requêtes du 3 février 1868, duquel il résulte que si une peine disciplinaire *pour un temps déterminé* n'excède pas les bornes de la *justice de famille*, un pourvoi est recevable quand une suspension a été prononcée *pour un temps indéterminé*.

par la seule signification de ces avertissements ; et de refuser la faculté d'en appeler à la grâce à un condamné interdit à toujours de l'exercice de sa profession bien que cet arrêt puisse, parfois, équivaloir à la confiscation ou à l'exil (1).

Nous souhaiterions qu'à cet égard on voulut bien répondre à nos questions : L'heure ne serait-elle donc pas venue, ou ne doit-elle jamais venir, l'heure où le droit antique de punir ne représentera plus à lui seul toute notre justice ? Nos législateurs ont-ils donc commis un acte d'aveuglement ridicule, un acte d'imprudence sénile, en déléguant à notre représentant élu et temporaire la charge d'atténuer par son indulgence raisonnée les justes arrêts prévus par la vindicte publique ? Quand notre constitution nous invite à considérer le droit de grâce comme un instrument supérieur de réparation et de rachat, n'en résulte-t-il pas que ce droit ne peut rester étranger à aucune pitié (2) ? Enfin la dignité de ce droit, que nous avons tous intérêt à maintenir intacte, ne lui interdit-elle pas la banalité ; et cette banalité ne deviendrait-elle pas choquante, en se compliquant d'une usurpation, si la grâce devait s'étendre jusqu'aux fautes dont la correction appartient en propre à quelque chef de corps, de même

(1) Pour qualifier ces termes d'exagérés, il faudrait d'abord que nous en eussions fini avec nos querelles religieuses et politiques, avec notre turbulence et notre intolérance. Nous ne contestons en aucune sorte la légitimité de certaines répressions rigoureuses ; mais nous nous souvenons que sous tous les régimes, des hommes de talent et de probité ont été frappés, pour des motifs politiques, d'interdictions qui ruinaient de toutes parts leur carrière.

(2) « Ce droit régalien aujourd'hui constitutionnel, semble devoir embrasser toutes les peines quelconques, de nature à affecter l'honneur d'une personne , conséquemment, les peines disciplinaires comme les pénalités proprement dites (Achille Morin, avocat aux conseils du Roi et à la Cour de cassation : *Discipline*, II, p. 390).

qu'il lui appartient de la modérer ou d'en faire l'entière remise.

Après ce préambule où nous avons, peut-être, fait ressortir l'erreur de ceux des adversaires du droit de grâce qui ne font qu'un seul monceau de toutes les peines disciplinaires, nous abordons, sans autre préparation, l'examen de la décision de 1839, nulle en soi sans démenti possible ; mais si audacieusement traduite et propagée qu'elle restera la démonstration la plus efficace des désordres que peut produire l'absence de toute législation sur les interprétations. Nous nous persuaderons obligeamment que c'est par distraction qu'on a prêté au ministre de la justice, l'intention violente qu'il n'a jamais eue de faire échec *proprio motu* à l'un des articles les plus en vue de notre Constitution (1) ; mais comment pourrions-nous oublier que c'est cette même décision, controuvée, colportée dans les bureaux et les tribunaux, qui a provoqué ce résultat lamentable de faire rejeter, depuis soixante-dix ans, des recours que le président de la République pouvait légalement accueillir si les ministres s'étaient cru fondés à les lui soumettre.

Nos allégations sont, au surplus, assez graves pour que

---

(1) Nous continuons à nous demander, certain que nous sommes de la probité de nos contradicteurs, quel intérêt *public* ils ont eu en vue en attribuant au chef suprême de notre magistrature la prétention de faire prévaloir son appréciation particulière contre la volonté hautement exprimée de la loi maîtresse de tout notre régime politique et social ; le garde des sceaux aurait alors oublié l'ordonnance de 1823 dont l'objet capital est d'annuler une « simple décision ministérielle » contraire à une volonté royale précédemment exprimée » ; il aurait également oublié l'arrêt de cassation du 17 septembre 1804 annulant pour excès de pouvoirs un arrêt de la Cour de Toulouse, *aucune autorité*, est-il dit, *ne pouvant, en matière de grâce, prendre une initiative sur la détermination du chef de l'Etat.* Ces deux citations ont d'ailleurs été déjà produites.

nous ayons le devoir d'apporter immédiatement nos preuves, et ces preuves les voici :

De quoi s'agissait-il, en réalité, en 1839 et serait-il vrai, en quelque sens que ce soit, que le ministre de la justice ait eu à cette date l'ambition qu'on lui a prêtée ? se proposait-il d'abolir le droit de grâce et, tout au moins, de le mutiler ? Si incroyable que cela soit, *il s'agissait d'un notaire suspendu pour huit jours de sa fonction*, c'est-à-dire d'un de ces avertissements de famille, le plus souvent ignoré du public et sans inconvénient sérieux pour l'honneur ou la fortune de l'individu.

Mais si la peine était si médiocre, le texte de la décision n'était-il pas conçu dans des termes tels qu'ils justifiassent l'extravagance de l'interprétation ? Qu'on en juge : « *Les mesures disciplinaires prises contre un officier ministériel, n'étant pas considérées comme des peines* (1) il ne saurait y avoir lieu, *dans l'espèce*, à l'application du droit de grâce ». DANS L'ESPÈCE, voilà qui est écrit, et ce seul mot suffit à mettre à néant toutes les interprétations qui ont eu pour objet de transformer en un arrêt de principe, une très humble peine disciplinaire, banale s'il en fut et presque ridicule dans son humilité (2).

Il importe d'ailleurs de rappeler que le ministre de la

(1) Par qui ? en vertu de quelle législation ? Voir la note ci-après relative à *l'analyse des circulaires*.

(2) Le recueil qui a pour titre : *Analyse des circulaires, instructions et décisions émanées du Ministère de la justice* (Paris, 1859), nous donne sous le n° 2629 la version suivante : « Les *mesures* disciplinaires prises contre les officiers ministériels et spécialement contre un notaire ne peuvent donner lieu à l'application du droit de grâce. » Enfin, le même ouvrage qui a pour auteur un juge d'instruction et un substitut du procureur impérial, mentionne p. 582 la décision suivante qui daterait du 10 août 1843 : « Le droit de grâce ne s'applique pas aux condamnations disciplinaires prononcées contre un notaire, *à raison de leur nature purement civile*. Les expressions varient ; l'intention est invariable ; et ni ici, ni là, on n'entreprend sur le droit de grâce.

justice exerce personnellement, sur tous les membres du très nombreux personnel qu'il représente, des pouvoirs de juridiction dont ne jouissent pas ses collègues des autres départements ministériels.

Ainsi, les avoués et les commissaires-priseurs relèvent exclusivement du garde des sceaux pour toutes les contraventions qu'ils peuvent commettre hors de l'audience et, d'un autre côté, s'il leur arrive d'être cités à l'occasion de quelque manquement professionnel devant leur tribunal d'attache, *la peine prononcée par ce tribunal ne peut être suivie d'effet qu'en vertu d'une décision du ministre, celui-ci devenant, par cela même, juge en dernier ressort de la répression et de la grâce.*

Dans les cas où ils ne sont pas justiciables du ministre, mais des tribunaux, les huissiers peuvent en appeler au Président de la République.

La révocation des greffiers près les Cours et Tribunaux est affaire de décret ; mais toutes les autres peines disciplinaires qui peuvent leur être infligées étant prononcées par le ministre, ne sauraient leur être remises en vertu de l'article 3.

Les notaires relèvent soit de la Chambre de discipline, soit du tribunal dont les décisions doivent être renvoyées en appel devant sa Cour. La remise des peines édictées par l'une ou l'autre de ces juridictions, ressortirait donc au droit de Grâce, si le notaire en cause jugeait opportun d'y recourir (1).

Même pratique pour les avocats, dans les affaires dont le Conseil de l'ordre a été saisi, jugées par le tribunal compétent, ou encore déférées à la Cour d'appel.

(1) C'est ici d'ailleurs l'unique point où le ministre aurait excédé ses pouvoirs ; mais c'est le cas de répéter qu'il s'agit d'une question d'espèce et que l'abus capital est de s'être emparé de cette question d'espèce pour en faire l'usage meurtrier que nous avons dit. Ajoutons que la décision dit : *un officier ministériel.*

Même régime pour les peines disciplinaires prononcées contre les magistrats par la Cour de cassation.

En achevant ce paragraphe où se rencontrent ces deux dates de 1839 et de 1843 qui nous reportent au règne du roi Louis-Philippe, nous nous reprocherions de ne pas mentionner la « *Lecture faite par le Duc d'Aumale à l'Académie française, le 18 mars* 1897 ». Ce document tout récent ne pouvait venir plus à propos pour fortifier de son témoignage les renseignements recueillis par nous au cours de notre enquête. Après avoir rappelé les inquiétudes qui obsédaient le Roi à certains jours, le Duc ajoute : « On ne se figure pas quelles résistances rencontrait l'exercice du droit de grâce. Dans sa ténacité à défendre ce droit, absolu et imprescriptible, le Roi engagea des luttes qui parfois ont failli provoquer des crises ministérielles. »

Nous nous figurons d'autant plus aisément ces résistances qu'elles sont aujourd'hui aussi agitées et peut-être plus têtues qu'il y a soixante ans. La continuité de leur action a eu cependant cet avantage de nous faire mieux comprendre que, dans son application à remplir son devoir royal, tel qu'il l'avait compris, Louis-Philippe a dû avoir fréquemment pour vis-à-vis des conseillers animés d'un tout autre esprit que le sien. Hommes intègres, sans nul doute, administrateurs, ou lettrés éminents, mais pour qui, la grâce était un larcin fait à l'omnipotence de notre justice criminelle ; et chez qui se perpétuait en outre le culte de cette « Puissance » et de ces divinités vengeresses contre lesquelles plaidèrent jadis l'avocat boiteux de Prométhée et Minerve, déesse de la sagesse, de l'aveu même du Droit pur.

Quoi qu'il en soit et sans rechercher si le roi Louis-Philippe a eu tort ou raison de joindre à son respect assidu des arrêts des Tribunaux le souvenir du limon dont nous fûmes formés (1); sans nous hasarder plus avant, nous bornerons notre curiosité à cette seule question : doit-on considérer comme un fait vulgaire et négligeable, ce spectacle, que nous avons pris soin de rappeler, de législateurs, représentants des systèmes politiques les plus opposés, se comportant habituellement en toute rencontre en frères ennemis, et qui, au lendemain de chacun de nos changements de régime, ont affirmé par un vote solennel leur volonté constante de maintenir le droit de grâce dans son intégrité. Puisqu'il n'y a pas là un accident et s'il n'y a pas là un miracle, qu'y a-t-il ? Il y a l'attestation d'un désir aussi ancien que la vie, et toujours présent chez l'innocent comme chez le criminel, le désir de se dérober au péril ; il y a le maintien d'une espérance et de cette liberté dernière de se refuser au châtiment, aussi longtemps qu'on peut encore lui dire : Non.

Nous admettrons que ce sont là des mots ; mais se refusera-t-on à méconnaître que *si dans sa fonction, le juge est tenu d'être semblable à la loi qui ne connaît ni l'indignation, ni la pitié* (2) le même homme qui s'est montré inexorable, peut difficilement venir nous dire le jour d'après : « Laissez venir à moi ce malheureux ; car je reconnais en lui mon semblable dès l'instant qu'il avoue qu'il ne savait pas ce qu'il faisait.

(1) Nous ne savons dans lequel de ses ouvrages Fléchier parle des infinies précautions qu'observait un magistrat dans ses enquêtes sur les demandes de rémissions et de grâce. Il se montrait, dit-il, aussi soucieux des appréciations du juge *que de la faiblesse de l'humanité.*

(2) Cour de cassation, toutes chambres réunies ; Affaire de Montbrison, 1803.

**Université de 1808. — Pouvoirs disciplinaires de son Grand
Maître et de son Conseil privé. — Obligations spéciales
de ses membres. — Modifications successives de ce premier état. — Impossibilité de confondre le régime de
1808 et celui de 1897. — Avis du Conseil supérieur d e
1857.**

La complaisance trop évidente avec laquelle nous avons
rassemblé dans ce chapitre tous les renseignements que
nous avons pu recueillir sur les origines et le caractère
propre de l'Université de 1808, aurait, croyons-nous, besoin d'être justifiée. On ne distingue pas suffisamment,
par exemple, le lien qui rattache nos citations accumulées
à l'objet initial de notre étude. Nous nous empressons
donc de nous expliquer.

Il n'est pas douteux, premièrement, que les peines disciplinaires, envisagées en général, sont une des bases
essentielles de l'argumentation des adversaires du Droit
de grâce contre l'application de l'article 3 de la Constitution à d'autres répressions que celles qu'ils qualifient de
véritables peines. Il est non moins certain que parmi les
arrêts résultant d'une action en discipline, les arrêts pro-
noncés par les tribunaux de l'Instruction publique ont
été plus spécialement exclus du bénéfice de la Grâce.
Enfin, et ce dernier fait mérite d'être tout particulièrement
retenu, on a paru vouloir délaisser le moyen tiré de la
distinction entre les peines pour frapper d'une même ex-
clusion notre corps enseignant tout entier. Le décret du
17 mars 1808, a-t-on dit, n'a jamais entendu faire de l'Uni-

versité un service public ; il s'est uniquement proposé
d'instituer une agrégation de personnes confinées dans
certains devoirs particuliers, assujetties à des engage-
ments solennels, en un mot une corporation, isolée du
Droit commun, et, par conséquent, étrangère à la grâce.

C'est cette nouvelle affirmation, si peu sérieuse qu'elle
soit au fond, mais faite quand même pour surprendre un
esprit sincère, qui nous a conduit à l'exposé qu'on va lire.
Il permettra, en tout cas, aux hommes de bonne foi de
mesurer les dissemblances radicales qui séparent l'Institution impériale, si étroitement surveillée et si misérablement pourvue, de notre université d'aujourd'hui telle
qu'elle est sortie des lois de 1850, de 1875, de 1880, de
1886 et de 1897. Toute confusion à cet égard nous parai-
trait donc insoutenable ; mais pourquoi nous dissimuler
que nous sommes doués d'une faculté d'oubli incomparable et qu'un très petit nombre d'entre nous se souviennent
de ce que fut à ses débuts, le plan politique et social de
l'Université de 1806 et la forme imprévue que lui donna le
décret-loi du 17 mars 1808. Ces deux dates n'ont jamais été
suffisamment distinguées, bien qu'il existe, entre elles,
toute la distance qui sépare une institution conforme au
bien public, d'un instrument de règne. On serait d'ailleurs
injuste envers Napoléon Ier si l'on oubliait après combien
d'essais, après quelle dépense d'utopies il accomplit sa
grande œuvre (1) ; et comment il fut conduit à l'accomplir

(1) La persistance et l'inutilité de ces essais sont également remarqua-
bles. La Constitution du 3 septembre 1791, titre Ier, attestait déjà que
l'Assemblée constituante plaçait au premier rang de ses obligations la
*création et l'organisation d'une Instruction publique, commune à tous
les citoyens, gratuite à l'égard des parties de l'enseignement indispen-
sables à tous les hommes, et distribuée dans un rapport combiné avec
la division du Royaume.* (Le titre II créait les départements.) — 18 août
1792. Suppression totale des corporations, congrégations et confréries,
ecclésiastiques ou laïques des deux sexes, des collèges et des collèges sé-

par l'opinion publique (1). On manquerait, en outre, de
sincérité, si l'on refusait de se souvenir que c'est cette

minaires. — 12 décembre 1792. Ecoles primaires fondées, leurs maîtres
se nommeront instituteurs. — 15 septembre 1793. L'Instruction publique comptera trois degrés. — 19 décembre 1793. L'enseignement est libre, il sera fait publiquement. Certificat de civisme et de bonnes mœurs
à produire. Les instituteurs et institutrices sont sous la surveillance
immédiate de la municipalité, des pères, mères ou tuteurs et de tous les
citoyens. La *surveillance* a le devoir de dénoncer les principes contraires à la morale républicaine qui peuvent justifier l'intervention de la
police correctionnelle. Les instituteurs sont tenus de se conformer aux
livres publiés par la représentation nationale. Obligation de l'enseignement du 1er degré. Peines édictées contre les délinquants : amendes et
privation des droits de citoyen pendant 10 ans. — 22 février 1895. Suppression des collèges, création des écoles centrales. — 25 octobre 1895.
Nouvelle organisation et distribution des écoles primaires, des écoles
centrales, des écoles spéciales. Institut. Encouragements. Fêtes nationa-
les. Deux sections par école : garçons, filles. — 1798. Le Directoire rappelle la disposition des lois des 7 septembre 1795, 14 et 22 décembre 1789
relatives à la surveillance des écoles particulières, maisons d'éducation
et pensionnats. Visites prescrites. « Principes funestes d'une foule d'instituteurs privés ». — 1802, 20 avril. Dénonce au Corps législatif, la nul-
lité presque totale des écoles primaires. — 1802, 1er mai. L'instruction
comprend les écoles primaires à la charge des communes, les écoles se-
condaires fondées par des communes « ou des maîtres particuliers », des
lycées et des écoles spéciales subventionnées par le Trésor public.
Les instituteurs nommés par le peuple seront désormais nommés par la
municipalité. — 1802. Au Corps législatif : *l'état actuel, c'est l'abandon*.
Daru : se garder des empiétements du clergé ; mais avoir égard au sentiment religieux. Jard Panvilliers : Attribuer l'enseignement religieux
au clergé. Rœderer : l'Instruction et la Religion ne s'excluent pas l'une
l'autre. — 1803. Règlement général. — 1803. Création d'écoles de médecine et de pharmacie. — 1804. Ecoles de droit (19 et 24 septembre).
    La liberté comprise et pratiquée comme elle l'était, mettait la dernière
main à la dispersion des sentiments et des volontés. L'éducation publique sortie de son ancien tracé devenait une sorte de *res nullius* exposée
à tous les accidents ; et la formule : La *République une et indivisible*,
jetée comme un défi à la guerre civile et à l'invasion, prenait la figure
d'une ironie.
    (1) Voir les procès-verbaux des Conseils généraux de départements de
l'an IX publiés en l'an X par Chaptal. Ces assemblées demandent « qu'il
soit donné un seul chef à toutes les écoles, de manière à assurer l'unité
d'enseignement. L'instruction donnée par les écoles centrales est trop

même œuvre qualifiée de despotique, qui fut adoptée dès
1815 par Louis XVIII (1), que Charles X ratifiait notamment
en 1828 ; dont Louis-Philippe maintint la toute-puissance
en 1832 et en 1844 (2) et que les ministres de Napoléon III
défendirent à leurs risques après que l'Empire fut fait. Ces
princes connaissaient apparemment notre histoire, et, se
souvenant des luttes anciennes et des anciens périls, ils se
défiaient d'une liberté qui devait être immanquablement
pour le pays une occasion fatale de dispersion.

Voici, au surplus, le texte complet de la loi du 10 mai
1806 : Art. 1er. Il sera formé, sous le nom d'université impériale, un corps exclusivement chargé de l'enseignement
et de l'éducation publics, dans tout l'Empire. Art. 2. Les
membres de ce corps enseignant contracteront des obligations civiles, spéciales et temporaires (3). Art. 3. L'or-

vaste et trop vague. Soumettre les maîtres et les élèves à une discipline
constante. Nécessité d'assurer la stabilité des programmes d'études. Les
enfants ont été livrés à l'oisiveté la plus alarmante, sans notions de la
divinité. La science sans les mœurs est un péril , point d'instruction
sans éducation », etc., etc.

(1) Voir en 1816 les dénonciations de M. de St-Romain et les brochures
en réplique de MM. Guizot et Ambroise Rendu. Voir en 1817 le discours
de M. Royer Collard, commissaire du roi. « L'Université, dit-il, a été
élevée sur cette base fondamentale que l'instruction et l'éducation publiques appartiennent à l'Etat. Pour renverser cette maxime, il faut prouver
que l'instruction publique et ses doctrines religieuses, philosophiques et
politiques sont hors des intérêts généraux de la Société : qu'elles appartiennent à l'industrie comme la fabrication des étoffes, *ou bien encore
qu'elles forment l'apanage indépendant de quelque puissance particulière qui aurait le privilège de donner des lois à la puissance publique.* »

(2) Chambre des pairs en avril 1844 : Cousin, Rossi, Portalis, Ville-
main, de Broglie, Montalembert, Guizot, Merilhou, Beugnot, etc.
Voir la pétition Giraud au Sénat en 1868.

(3) V. pour les *frères des écoles chrétiennes* l'article 109 du décret du
17 mars 1808 et pour les *pensions* et *institutions*, avec l'indication des
obligations financières scolaires et disciplinaires qui leur étaient impo-
sées, les articles 51, 52, 53, 59, 62, 63, 64, 106 et suivants, 191 et 192.

ganisation du corps enseignant sera presentée en forme de loi au Corps législatif à la session de 1810 (1).

Mais le Corps législatif ne fut pas appelé à délibérer sur cette seconde loi ; elle fut largement suppléée par le *Décret* (2) du 17 mars 1808 ; dont nous résumons les dispositions capitales.

Art. 38. Toutes les écoles de l'université impériale prendront pour base de leur enseignement :

(1) Vers le milieu du XII⁰ siècle c'est le représentant de l'Eglise du lieu qui délivre la *Licentia docendi.* A Paris cet office sera rempli par les chanceliers de Notre-Dame et de Ste-Geneviève. Au XII⁰ siècle l'autorité des Papes est prépondérante et Honorius III puis Innocent IV interdisent à Paris l'enseignement du droit civil (Voir l'art. 69 de l'Ord. de Blois de mai 1579). Cette interdiction ne fut complètement levée qu'en 1679. En même temps la médecine était surveillée et empêchée ; enfin Aristote, *lui-même,* est brûlé en 1210 et Grégoire IX ne l'admet qu'à corrections.

En 1215 c'est le Légat Pierre de Courçon qui donne à l'Université sa première constitution. Le statut de 1366 est rédigé par les cardinaux de Montaigu et St-Marc. En 1452, cependant, le cardinal d'Estouteville est assisté dans sa réforme des quatre facultés par des commissaires du Roi, sans qu'on puisse, d'ailleurs, saisir la trace de leur action. Mais en 1598, la notion de l'influence de l'enseignement sur l'esprit et l'ordre publics s'accuse et le nouveau règlement a pour auteur le grand aumônier, Harlai, premier président du Parlement, le président de Thou, le procureur général de Guerle, Séguier, lieutenant criminel, Francon de Riz, premier président du Parlement de Bretagne.

En 1789, avant la présentation de la Constitution civile et les autres dissentiments, le clergé émettait le vœu *qu'aucune maison d'éducation ne pût être établie que dans la juste dépendance prescrite par les lois du royaume et que tous les instituteurs publics fussent tenus de se conformer à un plan uniforme approuvé par les États généraux.* — De son côté, la Noblesse exprimait le désir *qu'un conseil de gens de lettres et de citoyens des différents ordres fût chargé d'arrêter les lois invariables de l'éducation nationale.*

La pensée d'une direction unique et d'une instruction uniforme date de loin et *la seule question* a toujours été de savoir quel serait celui des deux pouvoirs, ecclésiastique ou politique, qui disposerait de cette toute-puissance.

(2) Voir notamment l'arrêt de la Cour royale de Paris du 28 juin 1831 qui reconnaît à ce décret force de loi.

1° Les préceptes de la religion catholique (1).

2° La fidélité à l'empereur (2), à la monarchie impériale dépositaire du bonheur des peuples et à la dynastie napoléonienne, conservatrice de l'unité de la France et de toutes les idées libérales proclamées par les constitutions.

3° L'obéissance aux statuts qui ont pour objet l'uniformité de l'instruction (3) et qui tendent à former pour l'Etat (4) des citoyens attachés à leur religion, à leur prince, à leur patrie, à leur famille.

4° Tous les professeurs de théologie seront tenus de se conformer aux dispositions de l'édit de 1682 (5)......

Autorités. — L'université est régie et gouvernée par un grand-maitre (art. 50) (6).

Le Conseil de l'université est composé de trente membres, savoir : 1° six inspecteurs (généraux) et quatre recteurs, conseillers à vie nommés par l'empereur ; 2° vingt conseillers ordinaires : inspecteurs, doyens de faculté, proviseurs de lycée, nommés ou renouvelés annuellement par le grand maitre (art. 69 et 75).

(1) La première rédaction disait les dogmes. La différence entre les deux termes est notable.

(2) Pour ce qui est de la fidélité, c'est la formule séculaire. Ce qui suit exigerait peut-être des justifications.

(3) L'uniformité de l'*instruction* nous a toujours déconcerté ; l'uniformité de l'éducation dans ses principes, à la bonne heure. Des voies diverses, un même but.

(4) Ce mot État nous remet en mémoire le mot de M. Dupanloup à la tribune de l'Assemblée nationale (Nous l'avons entendu) : « Vous parlez de l'État, Monsieur, dit-il à un de ses adversaires ; mais duquel s'il vous plait ? Est-ce de l'État Marc Aurèle ou de l'État Caligula, de l'État Sardanapale ou de l'État St-Louis ? »

(5) Ce verset est de ceux qui s'évaporent à peine écrits. Il est allé rejoindre tels articles du concordat passés à l'état de reliques sans doute parce qu'ils portent la signature prodigieuse du curé de St-Laud.

(6) L'université avec sa grande-maitrise était placée dans les attributions du ministre de l'intérieur. L'élection n'apparaît nulle part ; les membres du Conseil sont tous membres de l'université ; tous ils ont

Obligations. — Comme il est dit dans la loi de 1806 les
membres de l'université contractent « par serment des
obligations qui les lient au corps enseignant » (art. 39).
Ils promettent obéissance au grand maître *dans tout ce
qu'il leur commandera pour le service de l'empereur* et
pour le bien de l'enseignement (art. 41). Ils s'engageront
à ne quitter le corps qu'après en avoir obtenu l'agrément
du grand maître (art. 42), après trois demandes consécuti-
ves réitérées de deux mois en deux mois (43). Celui qui
aura quitté le corps sans avoir observé ces formalités sera
rayé du tableau de l'université *et encourra la peine atta-
chée à cette radiation* (44). Les membres de l'université ne
pourront accepter aucune fonction, publique ou particulière et salariée, sans la permission authentique du grand
maître (45). Les membres de l'université seront tenus
d'instruire le grand maître et ses officiers de tout ce qui
viendrait à leur connaissance de contraire à la doctrine
et aux principes du corps enseignant dans les établissements *d'instruction publique* (46). Après l'organisation
complète de l'université, les proviseurs et censeurs des
lycées, les principaux et régents des collèges, ainsi que
les maîtres d'études de ces écoles seront astreints au cé-
libat et à la vie commune (art. 101). Aucune femme ne
pourra être logée ni reçue dans l'intérieur des lycées
(102) (1).

Peines disciplinaires. — Elles comprennent : 1° les arrêts ; 2° la réprimande devant le conseil académique ;
3° la censure devant le Conseil de l'université ; 4° la muta-
tion pour un emploi inférieur ; 5° la suppression des

sans doute appartenu à l'enseignement ; mais c'est à titre d'administrateurs qu'ils figurent au Conseil.

(1) L'article 101 ne fut pas observé ; mais il révèle une première intention. L'article 102 offre ceci de particulier qu'il nous reporte à l'article 71 de l'ordonnance dite de Blois de mai 1579.

fonctions pour un temps déterminé, avec ou sans privation totale ou partielle du traitement ; 6° la réforme ou la
retraite donnée avant le temps de l'éméritat (1), avec un
traitement moindre que la pension des émérites ; 7° enfin
la radiation du tableau de l'université (47). Tout individu
qui aura encouru la radiation sera incapable d'être employé *dans aucune administration publique* (48) (2).

C'est le grand-maître qui inflige les cinq premières de
ces peines (57) ; les deux dernières ne peuvent être prononcées que par le Conseil (79).

Voir pour les cas de recours au Conseil d'État l'article 149 du décret du 15 novembre 1815 et l'ord. Mac. 6.503,
4 août 1824. « Le recours au Conseil d'État n'est recevable
que dans le cas prévu par cet article. » Voy. juin 1830, ord.
Mac. 12.309. V. le décret du 15 novembre 1811.

Parvenu au terme de ce long exposé de la constitution
édictée par Napoléon, assisté de M. de Fontanes (3), nous
conviendrons sans hésiter que l'université de 1808 avait,
par plus d'un côté, la figure d'une corporation.

Mais, en même temps, nous inviterons ceux des docteurs
du droit de grâce qui persisteraient à maintenir cette appellation à notre corps enseignant d'aujourd'hui à vérifier
si la loi de finances de 1834 n'a pas rattaché le budget de
l'université au budget de l'État ; si le monopole n'a pas été
aboli en 1850 et en 1875 ; et s'il subsiste quelque trace des
obligations contenues dans le chapitre VI du décret organique du 17 mars 1808.

Nous souhaiterions aussi qu'on se souvint que cette
« *corporation* » assiégée dès les premiers jours de tant

(1) L'éméritat était acquis après 25 ans de services. La pension de
l'émérite était égale aux 3/4 du traitement du fonctionnaire pendant les
trois dernières années de son activité. Après 30 ans la pension égalait
le traitement fixe.
(2) Aucune autre loi universitaire n'a égalé cette rigueur.
(3) Comte de l'Empire ; marquis, de la main de Louis XVIII.

de soupçons et de jalousies, obsédée sans trêve de tant de
mensonges, confinée par ordre dans quelques cantons
de l'histoire et des sciences devait prendre au plus près de
terre l'air qu'elle respirait ; logée dans d'anciens hôpitaux
et d'anciens couvents et si misérablement dénuée de tout
que ses ennemis se sont amusés de sa pauvreté. Ses anciens élèves attesteront, cependant, s'il en était besoin,
qu'elle ne cessa pas d'offrir à leur admiration l'exemple
des sentiments les plus nobles, du désintéressement d'abord
et de l'amour de la patrie. Ils se souviennent que ces maîtres étonnants ne se contentèrent pas, comme l'article 145
du décret les y autorisait, *de maintenir l'enseignement au
niveau des connaissances acquises*, mais que, *sans biblio-
thèques, sans laboratoires*, ils haussèrent ce niveau de leurs
mains désarmées, pour le plus grand honneur de notre
nom et le plus grand profit de l'humanité. Ceux d'entre
nous qui consentiront à être justes ne fût-ce qu'une
fois et qui voudront connaître le chemin parcouru pourront
lire les lois de cette fin de siècle, ils y trouveront la trace
douloureuse de plus d'un conflit ; mais aussi de plus d'une
acquisition inestimable. L'ancien conseil étroit s'est élargi
de façon à représenter toutes les compétences ; l'élection
y a ses grandes entrées ; toutes les mesures disciplinaires venues en appel sont débattues de la façon la plus
ample et, par un mouvement que ses prédécesseurs ont
dû lui envier, le législateur du 27 février 1880 a fait un droit
d'une ressource constamment refusée jusqu'alors : tout
accusé doit *nécessairement* être assisté d'un défenseur
qui reçoit communication de toutes les pièces (1).

(1) Rappelons par une dernière précaution la succession des actes :
15 août 1815. Une commission dite de l'instruction publique composée
de *cinq* membres cumule les pouvoirs du Conseil et du Grand-maître.
1er novembre 1820. Cette commission est remplacée par un Conseil
royal de *sept* membres. 1er juin 1822. La Grande-maîtrise est rétablie

La composition du Conseil de l'université est en 1808 la suivante : Fontanes, Grand-maître ; Villaret, évêque de Casal, chancelier ; Delambre, trésorier ; de Bausset, ancien évêque d'Alais, Emery, supérieur général de la communauté de St-Sulpice, de Bonald, Cuvier, Legendre, de Jussieu, Nougarède, Guéroult Delamalle ; les inspecteurs généraux Joubert, Noël, Amb. Rendu, Gueneau de Mussy, Champeaux, Despaux, Villars, Chabot, Coiffier ; les membres du corps législatif : Roger et Thouret ; Guieu, conseiller à la Cour de cassation, de Langeac ; Arnault, de l'Académie française, secrétaire général.

C'est-à-dire qu'il n'avait été tenu que très relativement compte de la classification ordonnée par les articles 69 et 70 du décret.

En regard de cette assemblée nous plaçons le Conseil impérial de 1857. C'est le Conseil de 1850 modifié par le décret du 9 mars 1852.

MM. Rouland, Ministre président. J.-B. Dumas, vice-président, sénateur, inspecteur général. D. Nisard, secrétaire du Conseil. L'un des 40 de l'Académie française, inspecteur général. Elie de Beaumont, sénateur, secré-

dans une partie notable de ses premières attributions. 26 août 1814. Création d'un ministère des affaires ecclésiastiques et de l'instruction publique. 4 et 10 janvier 1828. Séparation des deux services ; création d'un ministère de l'instruction publique. 7 septembre 1845, le Conseil royal redevient Conseil de l'université et le ministre grand-maître est remis en possession de ses pouvoirs propres. 15 mars 1850. Plus de grand-maître, plus de monopole, le Conseil de l'université remplacé par un Conseil supérieur de l'instruction publique assisté d'une section permanente chargée de l'instruction des affaires particulières aux établissements de l'État. Garanties assurées aux membres des écoles publiques et des écoles libres, art. 14, 68 et 76. Les membres du Conseil supérieur sont élus. Décret dictatorial du 9 mars 1852, plus de garanties. Plus de section. Plus d'élection... 19 mars 1873. Garanties et élections restituées. Plus de section. 12 juillet 1875. Liberté étendue à l'enseignement supérieur. 1880-1886. C'est la liberté ; ce sont les garanties ; c'est la section permanente, l'obligation et la laïcisation.

taire perpétuel de l'Académie des sciences, directeur de l'école des mines. Poinsot, de l'Académie des sciences, président du bureau des longitudes. Delangle, sénateur, 1er président à la Cour de Paris. Baroche, sénateur, président du Conseil d'État. Boinvilliers, président de section au Conseil d'État. Morlot, archevêque de Paris, sénateur. Parisis, évêque d'Arras. Cœur, évêque de Troyes. Daniel, évêque de Coutances. Sergent, évêque de Quimper. R. Cuvier, président de l'église consistoriale de la confession d'Augsbourg. Juillerat, président de l'église réformée. Franck, membre de l'Institut, vice-président du consistoire central israélite. Troplong, président du Sénat, 1er président à la Cour de cassation, membre de l'Institut. Portalis, membre de l'Institut, 1er président honoraire à la Cour de cassation. De Royer, procureur général près la Cour de cassation. Flourens, secrétaire perpétuel de l'Académie des sciences, professeur au muséum et au collège de France. St-Marc Girardin, de l'Académie française, professeur à la Faculté des lettres. De Saulcy, membre de l'Institut. Lélut, membre de l'Institut. Ch. Giraud, membre de l'Institut, inspecteur général. Laferrière, membre de l'Institut. Le Verrier, sénateur, directeur de l'Observatoire de Paris, inspecteur général. Brongniart, membre de l'Institut, professeur au muséum, inspecteur général. Bérard, professeur à la Faculté de médecine, inspecteur général. Artaud, inspecteur général. Labrouste, directeur de Sainte-Barbe. L'abbé Labbé, chef d'institution à Yvetot.

Ce Conseil présentait peut-être quelques lacunes au point de vue de certaines parties essentielles de notre enseignement général, mais il serait inconvenant de lui contester sa qualité d'Assemblée de Notables. On y voyait figurer spécialement les jurisconsultes les plus en vue du Sénat, du Conseil d'Etat, de la Cour de cassation et de la Faculté de Droit ; la déclaration du rapporteur de la loi

du 15 mars 1850 pouvait donc se défendre (1). A défaut
d'un recours au Pouvoir législatif le Conseil impérial était
désigné avant toute autre autorité pour répondre à la
question de M. Rouland ; question complexe d'ailleurs
et sur le fond de laquelle on ne s'est jamais expliqué.

La loi du 15 mars 1850 prévoyait en effet deux ordres
d'instituteurs pour le moins :

1° Les instituteurs *libres*, congréganistes, ou laïques
mentionnés dans *l'article 30*, ceux-là précisément que vi-
sait la question du ministre.

2° Les instituteurs, communaux, congréganistes ou laïques, dont le mode de présentation, de nomination et le
régime disciplinaire étaient régis par *l'article 33*.

Or l'attention du Conseil était, comme on va le voir,
uniquement appelée sur ce point circonscrit : l'interdiction (restreinte ou absolue) prononcée contre un instituteur (libre) (2) donne-t-elle ou non ouverture au recours
en grâce. Si l'on veut bien comparer les textes des articles 30 et 33 les différences de condition qui existent entre
les deux groupes s'accusent formellement et l'hésitation
du ministre se conçoit.

Voici, au surplus, l'avis du 7 juillet 1857 :

« Le Conseil,

« Consulté par le ministre de l'instruction publique et des
cultes sur la question de savoir si *l'interdiction* prononcée

---

(1) M. Beugnot avait dit : « La loi crée une juridiction nouvelle qui ne
relève que d'elle-même en sorte que le recours au Conseil d'État ne saurait être admis, même pour incompétence ou excès de pouvoir et, cependant, il s'agit d'affaires contentieuses. Mais *on a entendu établir une
juridiction parallèle au Conseil d'État*. Il ne viendrait pas à l'esprit du
ministre de rejeter un avis du Conseil, bien qu'il en ait assurément le
droit ; *Nous voulons* que le Conseil supérieur soit aussi puissant et aussi
respecté.

(2) La demande d'avis dit *Instituteurs*, sans plus, de même qu'elle
dit *interdiction* tout court, alors que l'article 30 ne s'occupe que des instituteurs *libres* et prévoit deux sortes d'interdictions.

contre les instituteurs, en vertu de l'article 30 de la loi du 15 mars 1850 peut être remise par voie de grâce ou par toute autre voie ;

« Vu...

« Considérant que le droit de faire grâce est une prérogative essentielle de la souveraineté et que la *constitution impériale qui la proclame ne lui assigne aucune limite ;*

« Considérant qu'il faut, toutefois, pour la solution de la question, distinguer entre l'interdiction restreinte à une commune et l'interdiction absolue (1) ;

« Considérant qu'il est d'usage et de jurisprudence (2) que le droit de grâce n'intervienne pas à l'égard des mesures purement disciplinaires telles que la *censure*, la *réprimande* et la *suspension temporaire* appliquées à des fautes professionnelles (3) ;

« Considérant que *des effets analogues semblent devoir en écarter également l'intervention*, lorsqu'il s'agit d'un instituteur auquel l'exercice de sa profession *n'a été interdit que dans* la commune qui a été témoin de sa faute et de sa punition (4) ;

« Considérant que cette incapacité relative et locale n'a pas toujours pour cause une condamnation ; que, *pour l'instituteur communal*, elle résulte *de plein droit et par*

---

(1) L'interdiction restreinte à une commune *peut* n'être qu'onéreuse ; l'interdiction absolue c'est la confiscation ; c'est la ruine : nous admettons donc la distinction en contestant qu'il nous soit permis de lui donner un effet quelconque de notre seule autorité.

(2) « L'usage ce législateur ordinaire des nations » (Beccaria), Deinde quaeque gens propriam sibi ex consuetudine elegit legem, longa enim consuetudo per lege habetur (Préambule de la loi salique) vocata autem consuetudo quia in communi usu est. (*Ibid.*), l'usage ne nous inspire pas toujours confiance et comment invoquer la jurisprudence après avoir produit le premier considérant.

(3) Nous nous sommes expliqué à ce sujet.

(4) Inadmissible : nous réclamons la sentence du législateur. Nous demandons que l'on pèse chacun des mots de ce considérant.

la seule volonté de la Loi de la révocation prononcée par le Préfet (Loi du 15 mars 1850, Loi du 14 juin 1854) et que, dans ce dernier cas, *elle ne saurait à aucun titre être assimilée aux peines que remet la grâce* (1) ;

« Considérant, en outre, que provoquées le plus souvent *par des causes particulières à la localité*, l'interdiction restreinte à une commune n'enlève pas à l'instituteur qu'elle frappe la possibilité d'exercer sa profession partout ailleurs et que, quels que puissent être les faits postérieurs d'amendement ou de repentir, *dont il est juste de tenir compte*, la dignité de l'enseignement et *l'intérêt même de la considération de l'instituteur* s'opposeront *toujours* à ce que ce dernier soit réintégré dans la commune *où il a failli* (2) ;

« Considérant que *l'interdiction absolue* a un tout autre caractère et doit être considérée à un tout autre point de vue ; *que l'incapacité perpétuelle et générale dont elle frappe l'instituteur constitue une* VÉRITABLE PEINE, une sorte de dégradation en matière d'enseignement et *qu'il n'est pas pour le condamné d'autre moyen d'en être relevé que la clémence du souverain* ;

« Considérant qu'en présence d'une législation qui admet les condamnés en matière criminelle et correctionnelle au double bienfait de la grâce et de la réhabilitation, *il ne serait pas juste* qu'aucune voie ne fût ouverte à celui qui, frappé pour des faits, moins graves dans l'échelle des peines, se serait attaché à effacer une première faute par

---

(1) C'est avec une humilité très sincère que nous ferons observer, de nouveau, qu'il est ici parlé des *instituteurs communaux* (art. 33) et que la question du ministre porte sur l'article 30, *instituteurs libres*.

(2) Nous renonçons à toute nouvelle observation, en nous réservant seulement de recourir en temps et lieu au *Lege quæso* des élèves appliqués.

un repentir éprouvé et par une conduite notoirement irréprochable (1) ;

« Considérant que s'il convient de laisser leurs effets aux mesures temporaires ou locales qui intéressent l'action disciplinaire des autorités préposées à la surveillance de l'enseignement, *il n'importe pas moins de réserver, pour des cas possibles et dignes d'intérêt,* l'accès du droit de grâce à l'instituteur frappé d'une condamnation *qui atteint en même temps, sans limites et sans retour, l'exercice de la profession et la capacité du citoyen ;*

« Considérant que les décisions à intervenir sur les recours de cette nature intéressent à la fois le département de l'instruction publique et le département de la justice qui détient tout ce qui se rattache au droit de grâce.

« EST D'AVIS :

« 1° Que *la peine de l'interdiction absolue* prononcée par les Conseils départementaux et le Conseil impérial dans les cas prévus par les articles 30, 33 et 68 de la loi du 15 mars, modifiés par la loi du 14 juin 1854, PEUT ÊTRE REMISE OU COMMUÉE par l'Empereur en vertu du droit de grâce.

« 2° Qu'à l'exemple de ce qui a été réglé par le décret du 10 juillet 1852, relatif aux condamnations prononcées par les juridictions militaires ou maritimes, les recours formés par les instituteurs interdits, doivent être présentés à Sa Majesté par le ministre de l'instruction publique avec l'avis du garde des sceaux. »

Le décret conforme à cet avis ne figure pas au *Bulletin administratif* de 1857 ; mais nous l'avons retrouvé à la p. 448 du t. II de la *Législation de l'instruction primaire en France* par M. Gréard, de l'Académie française, Rec-

(1) Non ! il ne serait pas juste ; et, en plus d'un autre cas, il n'est pas juste ; et nous voulons croire que Mgr Morlot et Mgr Cœur ont dû le penser avec nous.

teur de l'Université de Paris. Napoléon III s'est-il refusé à laisser passer une délibération qui restreignait son Droit, après en avoir affirmé le caractère absolu ? Depuis quarante ans aucune lumière n'est venue nous éclairer sur ce point ; mais très heureusement un ministre de l'instruction publique a jugé nécessaire, en 1880, de mettre fin à une situation plus fâcheuse encore pour les intérêts des instituteurs en instance, que pour le Président de la République dont les pouvoirs se voyaient indéfiniment annulés.

Dans l'espace de trois ans sept recours ont ainsi reçu satisfaction ; et il n'est pas superflu de remarquer, qu'ils s'appliquent tous les sept à des instituteurs libres.

M..., instituteur libre, interdit à toujours, le 4 septembre 1873, pour avoir accepté le patronage d'une société opposée à l'enseignement religieux dans les écoles. Recommandé par le Conseil départemental et le préfet. Gracié le 27 février 1880.

H..., instituteur libre. Même peine, justifiée par les mêmes griefs. Gracié à la même date, sur la recommandation du conseil départemental et du préfet.

M..., instituteur libre, interdit à toujours les 22 novembre 1873 et 21 janvier 1874 pour s'être fait l'organisateur des enterrements civils. Gracié le 20 octobre 1880.

C..., instituteur libre, interdit à toujours, le 28 septembre 1867, pour avoir enlevé une mineure qu'il a épousée. Conduite irréprochable depuis quatorze ans. Gracié le 1er juin 1881.

D..., instituteur libre, suspendu d'abord pour trois mois sous l'inculpation de s'être montré dans son école hostile à l'enseignement religieux. En reprenant ses fonctions il a pris ses juges à partie. Interdit pour toujours. Unanimité des renseignements favorables en 1881. Gracié, le 3 octobre.

4

G..., interdit pour avoir, en classe, proféré des paroles inconvenantes contre le Pape et la religion. Depuis sa condamnation, sa conduite a été irréprochable et plusieurs familles honorables lui ont confié leurs enfants. Gracié en octobre 1881.

D..., Frère des écoles chrétiennes, interdit le 26 octobre 1881, pour avoir refusé de quitter son école après sa révocation. Ce maître aurait justifié d'un ordre de son supérieur et de l'autorisation de l'Inspecteur primaire. Gràcié le 10 janvier 1882 sur l'avis favorable du Conseil départemental.

V

**Jugements de cassation des 12 mai 1827 et 9 novembre
1852. — Déclarations de principe. — Quelle est leur exacte
signification. — Affirmation du caractère absolu du droit
de grâce.**

S'il nous semble difficile désormais de faire échec au
droit de grâce en s'aidant de la décision de 1839, il nous
paraît également malaisé de méconnaitre qu'à travers certaines réserves à débattre le Conseil de l'instruction publique de 1857 a affirmé le caractère absolu de ce droit. En
présence de cette affirmation catégorique et de la défec-
tion d'un texte dont on faisait si bruyamment état, on a
donc cherché un nouvel instrument de combat et l'on croit
l'avoir trouvé dans deux jugements de cassation, datés,
l'un du 12 mai 1827, c'est-à-dire de soixante-dix ans, le
plus récent de 1852. L'ancienneté de ces arrêts n'amoin-
drit pas à nos yeux leur valeur ; seulement, l'expérience
nous a renseigné sur la promptitude de certaines imagi-
nations et nous avons dû nous demander d'abord si l'on
nous apportait aujourd'hui un document réel, ne prêtant
à aucune contradiction, ou si, cette fois encore, on allait
nous mettre en présence de quelque confusion de langage
et d'idées faite pour nous créer inutilement un nouvel
ennui.

Nous avons l'extrême regret de croire qu'on s'est encore
une fois très fâcheusement mépris ; accident assez singu-
lier par sa répétition, à moins que nous ne devions y voir
une défaillance inquiétante de notre propre esprit, ce qui

peut s'admettre sans un trop grand effort. Pour nous tirer de ce doute, nous avons du reste notre ressource familière et ce sera, même avec plus d'empressement que de coutume, que nous passerons parole à la Cour. Voici les documents :

1° Jugement de cassation du 12 mai 1827 (p. 411, n° 115). Annulation, sur les pourvois du Procureur général près la Cour royale d'Amiens et du sieur M..., président du tribunal civil de Vervins, d'un arrêt rendu par la chambre civile de ladite Cour, jugeant correctionnellement, le 26 février dernier.

Le Président M... convaincu d'imputations calomnieuses, dirigées contre le Procureur du roi de Vervins, deux juges de paix et un notaire de l'arrondissement avait été, sur l'initiative du ministre de la justice, garde des sceaux, frappé de la censure et de la réprimande par la Cour d'Amiens (6 novembre 1826).

Vers le même temps, un des juges de paix et le notaire dénoncés par ledit sieur M... déposèrent une plainte en calomnie contre ce magistrat en réclamant des dommages-intérêts ; le Procureur général concluant, de son côté, à l'application de l'article 373 du Code pénal. Par un arrêt du 26 février 1827, la Cour fit droit à la demande des parties civiles ; mais en déclarant le Procureur général non recevable à requérir l'application d'une peine, *son action ayant été épuisée par les poursuites en discipline précédemment exercées.*

Le Procureur général et le Président M... se sont pourvus contre cet arrêt.

Nous ne retenons que la partie de l'arrêt de cassation relative au pourvoi du Procureur général, lequel était fondé sur la fausse application que la Cour d'Amiens avait faite de la maxime *non bis in idem.*

« ATTENDU, est-il dit, que la loi en soumettant les magistrats de l'ordre judiciaire à une discipline spéciale a eu pour objet, non de la soustraire au droit commun, à raison des délits dont ils se rendraient coupables, mais de réprimer les infractions qu'ils pourraient se permettre aux devoirs de leur état et certaines fautes dont elle ne demande pas compte aux autres citoyens ;

« Que l'action en discipline pouvant s'exercer pour des faits qui ne sont pas qualifiés par le Code pénal et étant d'ailleurs assujettie à des formes spéciales, les punitions qui en sont la suite NE SONT POINT DE VÉRITABLES PEINES et les décisions qui les prononcent NE SONT PAS DE VÉRITABLES JUGEMENTS ;

« Que l'action en discipline, instituée pour maintenir dans l'intérêt public cette sévérité de délicatesse, cette dignité de caractère, cette intégrité de mœurs qui doivent toujours distinguer la magistrature, est indépendante de la Vindicte publique, en matière criminelle, correctionnelle et de simple police, comme celle-ci est indépendante de l'action en discipline ;

« Qu'en jugeant que l'une éteignait l'autre l'arrêt attaqué a méconnu leur nature réciproque et formellement violé l'article 59 de la loi du 20 avril 1810 ;

« Par ces motifs,

« LA COUR CASSE ET ANNULE.

2° Arrêt du 9 novembre 1852, toutes chambres réunies. Cet arrêt est ainsi conçu :

« ATTENDU que l'action en discipline, pouvant s'exercer pour des faits qui ne sont ni qualifiés ni prévus par les lois pénales, diffère essentiellement de l'action pénale et ne peut être restreinte par des règles qui lui sont étrangères ; que les mesures qui en sont la suite NE SONT PAS DE VÉRITABLES PEINES, mais des moyens institués pour maintenir, par des raisons d'ordre et d'intérêt publics, l'autorité morale et le respect du corps auquel appartient le fonc-

tionnaire poursuivi disciplinairement ; qu'elles s'attachent
moins aux faits eux-mêmes qu'aux conséquences de ces
faits sur la considération du fonctionnaire et sur la dignité
du corps dont il est membre, c'est-à-dire à cet effet moral
qui, à la différence du fait dont il découle, a un caractère
successif et permanent ;... »

Sans nul doute, il serait difficile de déterminer avec plus
d'ampleur, de force et de noblesse les devoirs particuliers
qui incombent aux magistrats de l'ordre judiciaire ; mais
en raison même du respect que nous inspirent ces magistrats et la leçon qui nous est donnée, une observation
immédiate s'impose qu'il nous est impossible de réserver :
comment a-t-on pu concevoir que ce haut tribunal, dont la
prudence supérieure est prouvée, qui par son attachement
exemplaire à nos lois est aux yeux de tous le garant le
plus éminent d'une exacte justice ; comment ce tribunal
si curieux de droiture et de clarté, réformateur vigilant
des arrêts hasardeux, serait-il sorti de sa discrétion constante pour s'aventurer dans une entreprise contre notre
loi constitutionnelle. Nous dira-t-on, en outre, où l'on a pu
voir qu'il soit jamais entré dans les mœurs de la Cour
d'agir autrement qu'à visage découvert et n'avons-nous
pas lieu d'être surpris quand on nous apprend qu'il s'agit
du droit de grâce dans les deux arrêts que nous venons
de transcrire, sans qu'il soit parlé cependant de la grâce
ni en 1827, ni en 1852.

Nous comprenons parfaitement le parti que les interprètes de ces arrêts se proposent de tirer de l'opposition des
mots *peines disciplinaires* et *véritables peines* ; on nous a
suffisamment appris à la retenir en ne craignant pas d'en
abuser. Il s'agit toujours de faire de l'article 3 de notre
Constitution une sorte d'oracle delphique que tout passant
pourra interpréter à son caprice dans le sens de la raison,
ou dans un sens tout opposé. Mais, en vérité, n'est-ce pas

abuser du sophisme que de poser en principe de sa seule
autorité que telles peines, que l'on se dispense de définir,
sont admises à jouir d'un certain bénéfice, tandis que
telles autres en sont exclues, bien que par plus d'un trait
elles aient parfois autant de gravité que les premières.

Ne fût-ce que pour clore une querelle dont l'utilité ne
nous est pas démontrée, et très certainement faite pour
déconcerter les esprits qui ne prennent pas leur plaisir
aux subtilités d'école, nous souhaiterions qu'on nous ren-
seignât sur deux ou trois points obscurs ; sur celui-ci, par
exemple : notre Code pénal, pour lequel on professe une
si haute estime, ne nous montre dans aucune de ses parties une inclination marquée pour les abstractions et la
métaphysique ; quand il parle des peines, il les énumère
simplement sous le nom de peines afflictives infamantes
ou correctionnelles,ce qui s'entend universellement ; nous
dira-t-on à quels signes nous devrons reconnaitre, sans
erreur, les VÉRITABLES PEINES. Cette question est moins
puérile qu'elle ne le paraît à première vue ; car dès l'instant que nous ne parlons plus la langue du Code, nous
glissons dans un vocabulaire qui n'a pas peu contribué
à créer les contradictions dont parle Louis XVI dans
sa déclaration qu'on trouvera plus loin.

On hésiterait à nous répondre que le signe auquel on
reconnait les VÉRITABLES PEINES, c'est leur efficacité ; car,
depuis notre première enfance nous avons inventé à l'u-
sage de nos semblables les tourments les plus inhumains
sans que le niveau de notre perversité ait sensiblement
baissé.Nos compagnons de jadis sont en effet toujours là :
la luxure, l'envie, la colère, l'orgueil, comme aussi le
mensonge, ce vice pour tout faire.

Faudrait-il reconnaitre les véritables peines au respect
qu'elles nous ont inspiré, notre respect ayant, dit-on, appartenu dans le Passé à la Force et aux choses incompré-

hensibles ? Mais c'est un sentiment tout contraire au respect que nous enseignent aujourd'hui, les plus cruelles rigueurs de la Vindicte publique, c'est la Haine ; cela étant prouvé que nous avons désappris « le commencement de la sagesse ».

Les abréviateurs de la grâce affirmeraient-ils que ces véritables peines dont ils font un dogme, auxquelles ils confèrent par privilège l'entrée de la grâce, justifient cette faveur, *par leur gravité sans égale, par leurs conséquences exceptionnellement ruineuses* ou par cette circonstance qu'elles ont été prononcées en un certain lieu et accompagnées de formes particulières ? Mais, si ces affirmations devaient être maintenues, nous leur opposerions, en premier lieu, l'article 5 du Code pénal qui, sans s'inquiéter de la question de lieu, ni même de la question d'habit, reconnait d'entrée la nécessité d'une exception à la loi générale. Nous souhaiterions ensuite qu'on nous apprît en vertu de quelle constitution, dégagée de tout entêtement hautain, ou en vertu de quel préjugé surnaturel on refuserait de reconnaitre la dignité de VÉRITABLES PEINES à des répressions, procédant il est vrai d'une action disciplinaire, mais prononcées par des juridictions instituées par la loi et formellement autorisées par elle, non seulement à édicter des peines perpétuelles mais, qui plus est, à frapper de caducité des titres, indestructibles cependant par essence, puisqu'ils ont été acquis publiquement à la suite d'actes probatoires.

Enfin, nous apprendrait-on que les véritables peines sont ainsi nommées à cause de leur immutabilité ? Évidemment, on s'abstiendra de commettre cette imprudence, car, pour la confondre, il nous suffirait de recourir aux *Lois criminelles de la France* de Muyart de Vouglans (1).

(1) Muyart de Vouglans, avocat au Parlement, puis au Grand Conseil,

Nous avons là le tableau des supplices encore pratiqués vers 1780. A cette date, un grand nombre de nos peines les plus atroces ont déjà disparu ; mais pour nous encourager à envisager d'un œil moins sévère le présent et pour donner un démenti aux esprits chagrins toujours si mal renseignés qui parlent sans agrément de notre décadence, nous emprunterons à M. de Vouglans l'énumération de quelques-unes des peines portées sur sa liste.

C'est d'abord l'exposition par les rues et carrefours des individus des deux sexes, convaincus de mauvaises mœurs ou coupables de quelque délit qui justifiera leur détention, leur envoi aux galères, ou encore la peine du fouet. Le fouet avec les verges ou la corde se distingue d'ailleurs de la fustigation qui a pour instrument officiel le bâton. La montre par les rues se fait à pied, à âne ou en tombereau, avec ou sans écriteau.

Le pilori et le carcan sont, dans certains cas, comme un premier avertissement ; le fouet et la prison ne sont pas loin, non plus que les galères, lesquelles donnent lieu à une sorte de presse à laquelle le Roi s'intéresse particulièrement. Si le figurant au pilori est un polygame il porte à son habit autant de quenouilles qu'il a de femmes. La justice sait être plaisante.

La marque avec la fleur de lys et les lettres qui l'accompagnent s'impriment au fer chaud sur l'épaule ; autrefois, on les portait au visage.

Les suicidés sont attachés par les pieds à un tombereau et traînés à la voirie la face contre terre. Cette méthode se perd.

La suspension par les aisselles ne peut dépasser une heure, s'il n'est pas dit qu'elle doit entraîner la mort.

L'exactitude méticuleuse de ses descriptions pourrait nous donner à penser qu'il est sans pitié ; ce n'est pas cela.

L'heure fut dépassée pour le frère de Cartouche et il mourut.

La langue percée ou coupée, le poing coupé sont des mutilations qui ne se pratiquent plus en tout lieu ; cependant elles sont encore usitées dans certains ressorts interdits aux circonstances atténuantes (1).

La potence, hart, gibet ou strangulation, est réservée aux non-nobles et elle permet au bourreau de faire ses preuves de force et d'agilité dans le maniement des *tortouses* et du *jet*, en même temps qu'il hâte la mort du criminel en lui pressant l'estomac du pied et du genou.

Le glaive, la hache ou décollation, réservé aux gentilshommes (2), et qui parfois a comporté l'emploi successif du sabre et de la hache.

Le bûcher ou feu vif avec ou sans le secours du croc des bateliers appelé gaffe. Ce croc était introduit dans le bûcher à une hauteur déterminée et d'une telle manière que le bourreau en pesant sur l'extrémité qui dépassait les couches alternées de fagots, de bûches et de paille, devait atteindre sans faute le patient au cœur ; à moins que les mesures n'eussent été mal prises.

La roue, consistait à frapper d'une barre de fer les jambes, les bras et finalement l'estomac du criminel attaché à une croix de St-André posée à plat sur l'échafaud, puis

(1) Muyart nous paraît excéder les dispositions de notre ordonnance en énumérant comme il suit les dites circonstances : 1º Passion violente : douleur, amour, colère ; 2º Extrême ivresse ; 3º Emportement de jeunesse ; 4º Fragilité du sexe ; 5º Rusticité, inexpérience ; 6º Affection naturelle ; 7º Bonne conduite antérieure ; 8º Talents distingués ; 9º Services rendus à la Patrie ; 10º Repentir ; 11º Aveu libre ; 12º Longue détention ; 13º Multitude des délinquants etc., jusqu'à 28 cas...

(2) Constitution du 3 septembre 1791, titre 1-13º : « Les mêmes délits seront punis des mêmes peines sans aucune distinction de personnes ». Déjà en 1790 il avait été dit : « Les peines n'ont pas égard au rang des personnes ».

à exposer ce corps rompu sur une roue mobile. Ce supplice était parfois abrégé par la manœuvre d'un tourniquet placé sous l'échafaud, et à l'aide duquel on halait sur une corde enroulée à l'avance autour du cou du misérable.

L'écartellement était réservé comme de raison aux criminels de Lèse Majesté, car il représentait le *nec plus ultra* de notre immortelle barbarie.

Tous ces détails sont répugnants, mais nous nous plaignons qu'on les oublie.

Par la question préparatoire le juge se proposait de contraindre l'accusé à confesser son crime (1).

La question préalable était subie après le jugement et elle avait pour objet spécial d'obtenir du condamné qu'il dénonçât ses complices.

Si *véritables* qu'elles fussent, ces peines devaient subir un premier démenti dès le 24 août 1780, date à laquelle le Roi Louis XVI abolit glorieusement la question préparatoire « dans tous les pays, terres et seigneuries de son obéissance, nonobstant toutes coutumes, lois et statuts, règlements, styles et usages à ce contraires », se fondant sur ce motif que des magistrats, recommandables par leur expérience consommée, *avaient déjà déclaré, à quatre-vingt-dix ans de là, que cette torture avait toujours semblé inutile* et qu'il était rare qu'elle eût tiré la vérité de la bouche de l'accusé. — Le 1er mai 1788, le même prince,

(1) Il a déjà été dit ailleurs qu'en 1670 le conseiller du Roi Pussort avait fait observer que la question préparatoire ne devait pas être considérée comme une peine par ce motif péremptoire qu'elle n'était qu'une préparation à une peine ; ce dont le premier président du Parlement convint, en faisant observer néanmoins qu'en plus d'une occasion cette préparation avait laissé des malheureux estropiés pour toute leur vie *Procès-verbal des conférences tenues par ordre du Roi entre les membres du Conseil et les Députés du Parlement pour l'examen de l'Ordonnance criminelle du mois d'août* 1670. Louvain, 1700, p. 224, 226).

incorrigible dans sa pitié, abolissait la question préalable, « cette épreuve, presque toujours équivoque par les aveux absurdes, les contradictions et les rétractations des criminels ». Et, dans le préambule de sa déclaration, parlant de l'ordonnance de 1670 encore en vigueur, le Roi ajoute ces paroles mémorables : « Nous avons considéré que ces commissaires eux-mêmes (les commissaires de Louis XIV) n'ont pu tout prévoir en débrouillant le chaos de la jurisprudence criminelle ; que les procès-verbaux de leurs conférences attestent qu'ils furent souvent divisés sur des points importants (1) et que la décision prise ne parut pas toujours confirmer les avis les plus sages (2); enfin, que le temps a pu introduire ou dévoiler des abus essentiels à réformer et, *à l'exemple des législateurs de l'antiquité, dont la sagesse bornait l'autorité de leur Code à une période de cent années, afin que, après cette épreuve, la nation pût juger les lois* (3), *nous avons observé que, ce terme étant expiré, nous devions soumettre à une révision générale cette même ordonnance criminelle qui a subi le jugement d'un siècle révolu.* »

L'article 2 du Code pénal du 25 septembre 1791 achève l'œuvre de Louis XVI. « La peine de mort, dit cet article, consiste dans la simple privation de la vie, *sans qu'il puisse jamais être exercé aucune torture envers les condamnés.* Tout condamné aura la tête tranchée. » Le Code de 1810 est moins lapidaire et il appelle encore bien des corrections, s'il faut en croire les assauts qu'il continue de subir. Au surplus, ceux qui considèrent comme détestable la sentence *In atrocissimis leviores conjecturæ sufficiunt et licet Judici jura transgredi* peuvent se faire pardonner

---

(1) Voir l'in-4° de Louvain dont il est parlé plus haut.

(2) Pussort l'emporta trop souvent.

(3) Se reporter ici à l'article 30 de la déclaration des droits, décrétée par la Convention le 29 mai 1793 (Const. du 24 juin). « Une génération n'a pas le droit d'assujettir à ses lois les générations futures. »

leur défaut de zèle ; en nous rappelant la parole de Pascal :
« En peu d'années de possession les lois fondamentales
changent ; le droit a ses époques. »

Et c'est toute notre histoire qui s'ébahit de nous voir
marchander ses pouvoirs au Droit de grâce, sous prétexte
de ne pas prêter la main à la rentrée en scène de Louis XIV
ou de Napoléon, ou encore sous prétexte de préserver de
toute injurieuse dérogation les formes augustes de la justice. Il est vrai que l'action de la grâce ne s'impose plus
aujourd'hui comme au temps où nos criminels étaient
écorchés vifs, noyés dans des cendres, essorillés, ampu-
tés des pieds et des mains (*sine pedibus et manibus*), lapi-
dés, crucifiés ; comme au temps où on leur arrachait toutes les dents, où on leur crevait les yeux, où on les liait à
des cadavres, où on les livrait aux bêtes, où on les as-
seyait sur un chevalet (*in equileo suspensus et flagris toto
laniatus corpore, aceto et sale perfunditur*), etc. etc., véritables peines certifiées telles et résultant de véritables
jugements, en parfait accord par surcroît avec les colères
du Dieu terrible, du Dieu jaloux, du Dieu vengeur, mais
en contradiction absolue avec les commandements de
Celui qui nous donna l'exemple de l'indulgence et du
pardon.

Pour en finir, nous nous bornerons à affirmer une dernière fois que le droit de grâce procède de notre constitution, qu'il fait corps avec elle, qu'il n'a aucun commerce
avec le Code pénal, qu'il ne saurait donc être réformé,
amplifié ou amoindri par aucune loi particulière, quelle
que fut au fond la bienveillance de ses intentions. C'était,
tout récemment encore, la doctrine raisonnée de la Chancellerie ; c'était l'avis du Conseil supérieur de l'instruction
publique. dont nous avons très intentionnellement indiqué
la composition ; c'est notre très humble et inaltérable con
viction.

TABLE DES MATIÈRES

Imp. G. Saint-Aubin et Thevenot.— J. Thevenot, successeur, Saint-Dizier (Haute-Marne).

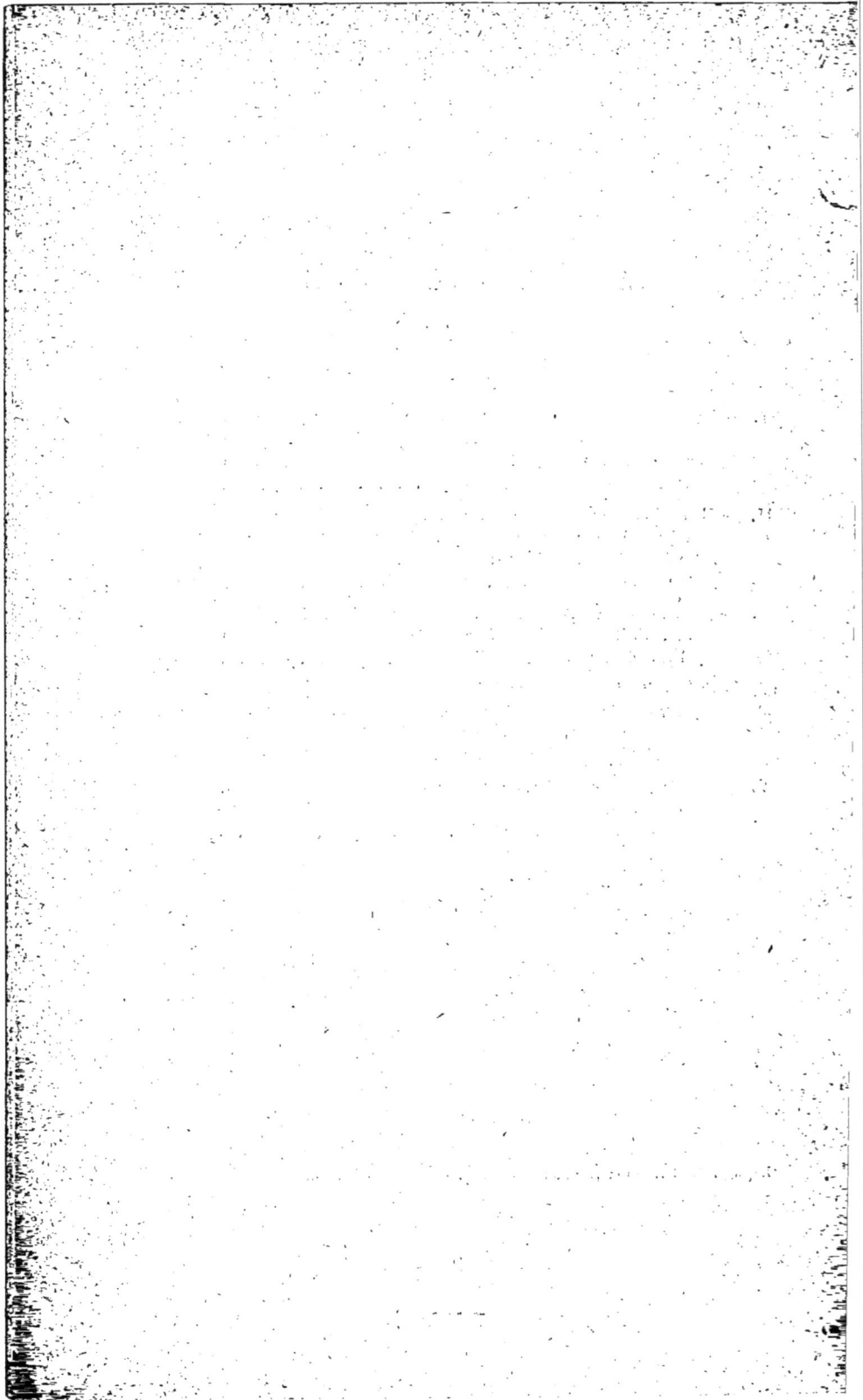

www.ingramcontent.com/pod-product-compliance
Lightning Source LLC
Chambersburg PA
CBHW070831210326
41520CB00011B/2210